KB190719

원어성경으로 풀어가는

사도행전

원어성경으로 풀어가는

사도행전

임 성 환 지음

kmc

추천의 글

「원어성경으로 풀어가는 사도행전」 출간을 진심으로 축하하고 치하합니다. 많은 책들이 출판되고 있지만 특별히 이 책은 한국 교회와 목회자, 그리고 평신도들에게 꼭 필요한 책이라 확신합니다. 신학을 하면서 제일 어려웠던 분야 중 하나가 성서 원어를 공부하는 것입니다. 그래서 많은 목회자들이 기초 과목으로 성서 원어를 공부하고 지나가는 실정입니다. 그런데 임성환 목사는 성서 희랍어뿐만 아니라 히브리어까지 열심히 공부해 온 실력파 목사입니다. 기초 정리의 차원을 넘어 실제 목회에서 활용할 수 있도록 원어성경에 빠져서 살아가고 있는 신학도이면서 목회자입니다. 날마다 희랍어로 성경을 읽고, 희랍어로 성경을 암송하고 심지어 희랍어 성경을 필사까지 했으니, 한국 교회의 성경 원어 보물인 셈입니다. 그동안 성서 원어를 전공한 이들이 종종 있었지만, 이렇게 원어성경을 철저하게 공부하고, 친숙하게 하기 위하여 필사, 암송까지 했다는 이야기는 들어 본 적이 없습니다. 날마다 희랍어 성경과의 씨름의 노작으로 이번에 「원어성경으로 풀어가는 사도행전」을 저작하게 되었으니 축하하며, 우리 감리교회의 보배로 자랑하지 않을 수 없습니다.

목회현장에서 설교를 준비할 때마다 그 설교를 통해 하나님의 뜻만이 온전히 드러나기를 구하는 것은 모든 목회자들의 공통적인 마음이라고 생각합니다. 많은 생각과 계획을 품고 강단에 서지만 본문 말씀이 전하고자 하는 뜻과 메시지에 충실할 때 가장 큰 능력으로 역사하신다는 것을 경험하게 됩니다. 따라서 주석서나 원어 사전 등을 참고로 하여 본문을 해석하고 묵상하며 설교를 준비하는 노력이 가장 중요한 시작이 될 것입니다. 급격히 변화되는 환경과 시대 속에서 교회의 성장과 부흥을 위한 방법론들은 넘쳐 나고 목회자들은 각종 세미나에 참석하여 귀를 기울이고 있습니다. 그러나 가장 중요하고도 변하지 않는 진리는 언제나 하나님의 말씀을 읽고 연구하는 목자만이 성도들을 가장 좋은 영의 양식으로 먹이고 자라게 할 수 있다는 것입니다.

하나님의 말씀이 강단과 목회의 현장에서 더욱 살아 역사하게 되기를 바라는 지금과 같은 때에, 목회 사역과 병행하여 틈틈이 원어 설교를 공부하고 그 결과를 묶어 이번에는 사도행전을 시작했지만 앞으로 계속해서 신약 성경들을 이런 방법으로 써 나갈 임성환 목사를 생각할 때 대단히 기대가 되는 바입니다. 늘 말씀 앞에 겸손하고 진지한 자세로 성경에 나타난 신앙의 언어들을 연구하고 그 개념을 잘 정리해 나가고 있는 저자의 노력을 통해, 원어가 아니고서는 발견할 수 없는 하나님의 메시지를 많은 목회자들이 함께 나눌 수 있게 되기를 바랍니다. 앞으로 저자의 계속적인 연구의 결실이 하나님의 말씀을 사랑하고 그 말씀대로 살고자 애쓰는 감리교회뿐 아니라 한국 교회의 목회자들과 성도들에게 소중하게 쓰임 받게 될 줄로 믿으면서, 다시 한 번 축하의 말씀과 더불어 임성환 목사의 앞날에 주님의 함께하심이 넘치시길 기원합니다.

중앙연회 전용재 감독(불꽃교회 담임)

추천의 글

독서삼독(讀書三讀)이라는 말이 있습니다. 책은 세 번 읽어야 한다는 뜻입니다. 한 번은 책을 읽고, 다른 한 번은 책을 쓴 저자를 읽고, 나머지 한 번은 책을 읽는 독자를 읽어야 한다는 말입니다. 최소한 세 번은 읽어야 책을 제대로 읽었다고 말할 수 있습니다. 그래야 책의 세상에 들어서게 되고, 책을 통해서 세상을 보게 됩니다. 보통 서적은 삼독이면 충분합니다. 그러나 성경은 다릅니다. 세 번만 읽어서는 결코 말씀의 세계에 들어설 수 없습니다. 동양철학을 가르치셨던 이완재 선생이 한 이야기입니다. 대학원생 시절 서경(書經)을 배우고자 한학자(漢學者)였던 배동환 선생을 찾아가서 가르침을 요청한 적이 있었습니다. 그때 선생이 이렇게 말씀하셨습니다. "다른 경전들은 대개 7,8백 번씩 읽었으나 서경은 겨우 5백 번을 채워 읽었는데 지금 내가 서경을 가르칠 수 있을까 몰라!" 한학(漢學)을 하시는 분의 말씀이지만, 이 말 속에는 어떻게 경전을 읽어야 하는지를 일깨워주는 소중한 지침이 있습니다. 경전은, 귀한 글은, 말씀은, 거룩한 글은, 책 속에 푹 잠기는 방식으로 읽어야 한다는 것입니다.

성경 읽기, 성경 해석하기도 마찬가지입니다. 말씀은 읽고 또 읽어야 합니다. 말씀과 만나야 합니다. 처음에는 내가 성경을 읽어가지만, 종내는 성경이 나를 읽어가는 체험을 해야 합니다. 그래야 성경 읽기는 성경 해석하기로, 성경 해석하기는 성경 살기로 이어집니다. 그런 읽기 → 해석하기 → 살기의 여정에 들어서게 하는 지름길이 바로 성경을 원어로 대하는 여정입니다. 성경을 원어로 읽고 풀어가다 보면 차츰 차츰 말씀의 세계 속에 잠기게 됩니다. 말씀하신 분의 소리를 듣게 되고, 말씀으로 남은 소리를 깨닫게 되며, 말씀을 읽는 자신을 되돌아보게 됩니다. 임성환 목사가 쓴 「원어성경으로 풀어가는 사도행전」은 그런 여정 가운데 하나입니다.

임성환 목사는 신학교 재학시절부터 성경원어에 탁월하였습니다. 히브리어, 아람어, 헬라어를 배우고 익히고 활용하는 데 열정적이었습니다. 그가 오랜 배움과 익힘 끝에 「원어성경으로 풀어가는 사도행전」을 펴냈습니다. 이 책은 세 개의 장으로 되어 있습니다. 1장에서는 성경원어와 씨름하여야 했던 자기 삶을 고백하고, 2장에서는 사도행전에서 두드러지게 활용되는 헬라어 단어, 언어, 용어들에 대한 해설을 통해서 사도행전의 세계를 탐색하며, 3장에서는 헬라어 본문 주석이 낳은 설교를 감동적인 메시지로 전하고 있습니다. 헬라어 원어가 아니고서는 발견하기 어려운 메시지를 찾아서 책에다가 담았습니다.

「원어성경으로 풀어가는 사도행전」이 돋보이는 것은 지식보다는 은혜가 책의 시종을 이끌어간다는 사실입니다. 성경 원어를 배우고 익히는 것은 수월치 않습니다. 그렇지만 임성환 목사는 자기가 쌓은 지식보다는 그런 지식을 얻게 하신 하나님의 은혜를 자랑하고 있습니다. 원어세계에 대한 해박한 지식을 내세우는 것이 아니라, 성경원어를 통해서 받은 은혜를 고백하고 있습니다. 그는 신약성경을 처음부터 끝까지 헬라어 본문으로 필사하기도 하였습니다. 말씀을 적어가는 서기관의 순종이 그가 남긴 헬라어 필사본에 고스란히 담겨 있습니다. 그런 까닭에 임성환 목사의 원어성경 읽기는 우리에게 "말씀이 육신이 되어 우리 가운데 거하시는" 기쁨을 맛보게 합니다. 이 책이 하나님의 나라의 지평을 이 땅에 넓히는 데 일조하게 되기를 바라는 기대가 여기에 있습니다. 그래서 적극, 추천합니다.

왕대일 목사(감신대 구약학 교수)

저자의 글

「원어성경으로 풀어가는 사도행전」은 세 개의 장으로 이루어졌습니다. 1장은 이 책을 쓰기까지의 시간들과 원어성경을 공부해야 하는 이유, 원어성경이 가져다주는 유익을 에세이로 정리했습니다. 2장은 우리가 자주 사용하면서도 무심히 사용하는 신앙의 언어들을 원어를 통해 해설했습니다. 3장은 이러한 원어해설을 엮어서 설교문을 작성했습니다. 사도행전에는 한글 성경을 통해서도 발견할 수 있는 보석과 같은 말씀이 많이 있지만, 이 책에서는 특성상 원어를 통해서 발견할 수 있는 본문들만 선별해서 설교문을 작성했습니다.

과분한 추천의 글을 써 주시고 격려해 주신 중앙연회 전용재 감독님께 감사드립니다. 대학원 논문 「탈굼 옹켈로스 신명기에 나타난 아람어 번역의 특징」의 주심을 맡아 주시고, 또한 이렇게 과분한 추천의 글을 써주신 왕대일 교수님께 감사드립니다. 제 글을 출판국에 추천해 주신 중앙연회 최재화 총무님, 에베소서를 원어로 암송하게 이끌어 주신 호남선교연회 관리자 원형수 목사님, 출판과정에 힘이 되어 주신 연천지방 안재엽 감리사님, 책으로 출판해 보라고 격려해 주시고, 저의 설교를 다듬어 주시고, 오랫동안 지도해 주신 포천지방 정학진 감리사님께 감사드립니다.

저를 감리교 목회자로 불러 주신 평안의교회 황요한 목사님, 진급과정으로 이끌어 주신 목포제일교회 김덕부 목사님, 출판국 총무직무대리 손인선 목사님께도 감사드립니다. 열쇠선교회 김광식 목사님과 최강환 목사님, 열쇠교회 윤형준 목사님, 김혁 안수집사님, 김구한 집사님께 감사드립니다.

소천하신 아버님, 고(故) 임창준 목사님께 이 책의 영광을 돌립니다. 홀로 남으신 어머님 주실언 사모님께 감사드립니다. 아들을 위해 기도하시며 인도해 주신 어머니의 은혜를 하나님께서 기뻐해 주시리라 믿습니다. 이 소망이 어머니의 위로가 되기를 바랍니다. 어머니의 위로가 되어 주시는 류경혜 전도사님께 감사드립니다. 아우 성재에게도 늘 감사합니다.

사랑하는 아내 이진숙 사모에게 고마움을 전합니다. 직장생활하며 고생한 대가로 제게 많은 시간을 사서 선물했습니다. 이 책에 녹아 있는 노력과 연구의 수많은 시간들은 제게 선물해 준 아내의 땀과 고생으로 채운 시간들입니다. 사랑해요! 사랑하는 딸 단비와 사랑하는 아들 건명이에게도 고마운 마음을 전합니다. 사랑한다!

누가복음 1장 80절의 빈 들이 저의 빈 들도 되게 해 주시고, 그 외로움과 쓸쓸함 가운데 시편 4장 7절의 기쁨을 허락해 주셔서 자리를 떠나지 않고 기다리고 인내하게 해 주셔서, 마태복음 12장 35절의 선한 사람, '하나님의 선한 사람이 되리라!'는 꿈을 꾸게 해 주신 하나님께 모든 감사와 영광을 돌립니다.

2012년 1월
저자 임성환 목사

7

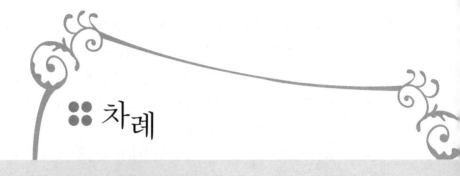

차례

III. 원어로 풀어가는 사도행전 설교

I 하나님의 뜻과 계시를 지시해 주는 성경원어(헬라어)

원어성경을 공부해야 하는 이유와 원어성경이
가져다주는 유익

신학생 시절의 고민

신학교에 입학했습니다. 하나의 고민이 찾아왔습니다. 모두가 은혜와 사랑, 구원과 진리, 복을 말하는데, 그 안에 어떤 통일성은 없었습니다. 물론 강제로서의 통일성을 발견하고자 했던 것은 아닙니다. 성도의 입에서 고백되는 다양성의 표현들 속에서 이러한 다양성을 가능케 하는 본질로서의 보이지 않는 통일성을 발견하고 싶었습니다.

언어에는 '기표(signifiant)'와 '기의(signifie)'가 있습니다. 신학생 시절에 저를 깊은 고민 속에 빠지게 한 원인입니다. 더불어 고민의 탈출구를 제시해 준 것이기도 합니다. 모두가 신앙의 언어를 사용합니다. 기표로서는 통일성이 있습니다. 그러나 그 이면, 기의로서의 통일성은 오히려 다양성, 나양을 넘어 혼동의 표현으로 들렸습니다. 복음과 신앙의 고백이 가지고 있는 성경적인 의미, 개념에 대한 공부를 해 본 적이 없기 때문입니다. 세상과 사회 안에서 통용되는 개념에 대해서는 학교를 통해서 나름대로 체계적인 배움의 과정을 거쳐 습득하는 반면, 성경이 말씀하는 구원, 희생, 은혜, 온유, 진리, 그리고 복–신앙인의 삶의 가치에 대해서는 체계적으로 배우고, 습득하는 과정이 없었습니다.

물론 배우지 않은 것은 아닙니다. 그러나 그 배움의 장(場)이란 성경적 개념으로서의 신앙의 고백, 복음의 표현을 배우고 이를 응용하게 해 주는 것이 아닙니다. 반대입니다. 우리가 일반적으로 거치게 되는 신앙의 배움의 장(場)은 성경적 개념이라기보다는 누군가에게서 응용된 후, 그 사람에게 이미지화 되어 고착된 개인적인 고백의 언어를 배우는 것이었습니다. 물론 이러한 개인적인 고백으로 출발해서 성경적인 개념을 역추적한다면 문제될 것은 없습니다. 그런데 이러한 개인적인 고백을 검증 없이 성경적 개념인양 받아들였으니 다양성을 넘어 혼동을 느끼는 것은 당연했습니다. 저뿐만 아니라, 대부분의 친구들이 그랬을 것입니다. 그러니 모두가 동일한 신앙의 언어를 말하는 듯하지만, 사실은 서로 다른 모습의 세계를 말하였던 것입니다.

신앙의 언어가 한 개인에게 응용되어 그에게 감동의 언어가 될 수 있습니다. 그러나 한 사람에게 구체화 되어버린 의미가 다른 사람에게도 그러하리라는 보장은 없습니다. 내게 응용된 구체적인 것이 아니라, 응용할 수 있는 개념, 원리를 전달해 주어야 합니다. 이러한 방법론이 더 어렵고 지루할 수 있다는 것을 인정합니다. 그러나 이 방법이 개인에게 응용되어 고착된 개념을 전하는 것보다 하나님의 사람, 신앙의 사람을 세우는 사역에 더 적절합니다.

그래서 저는 원리로서 성경이 말씀하는 은혜가 무엇이고, 온유와 진리, 그리고 복-신앙인의 삶의 가치가 무엇인지 살펴보고 싶었습니다. 혼동의 다양성을 넘어 본질로서의 통일성을 찾아보고 싶었습니다. 해석학이라는 것이 텍스트(text)를 대하는 독자의 가능성을 열어두고, 이로부터 기인하는 창조적인(창조적이라고 말들 하는) 해석을 얻는 학문이지만, 성경에서만큼은 텍스트(text)를 대하는 독자의 가능성이 정확히 조절되어야만 한다고 생각합니다. 이런 과정을 거쳐, 원어성경을 보는 것이 제 고민을 풀어 주는 한 방법이 될 수 있음을 알게 되었습니다.

철없어 무모했던 신학생 시절의 시행착오들

원어성경을 통해서 신앙의 고백들에 대한 성경적인 개념을 찾고, 이해를 추구하고자 했습니다. 나름대로 열심히 공부한 덕에 사전을 참조하며 구약과 신약 성경을 원어로 보게 되었습니다. 처음에는 하루 종일 걸려서 한 문장을 번역했습니다. 그렇게 하다 보니 시간을 단축시켰습니다. 이 재미에 푹 빠져서 본문을 번역해 내기에 바빴습니다.

본문과 씨름하다가 문제를 만났습니다. 물론 지금 생각해 보면, 그때의 그 고민이 너무나 고맙습니다. 고민은 나의 부족함, 나의 부끄러운 모습이 드러나는 것이므로, 이를 선용한다면, 나를 더 성숙하게 하고, 바르게 세워 주는 고마운 존재가 됩니다. 철없던 신학생 시절의 고민은 이런 것입니다. 본문과 씨름하며 번역해 내면서, 그것이 성경의 깊은 의미라고 생각했는데, 그것은 번역에 지나지 않는다는 것을 깨닫게 되었습니다. 해석을 해야 하는데 번역을 하고 말았습니다. 해석이라고 해도 관념적 해석 정도밖에는 되지 못했습니다.

이 고민과 다시 씨름했습니다. 이 과정에서 저는 제 자신이 감당할 수 없는 상대와 싸우고 있었다는 것을 깨달았습니다. 성경 원문을 번역하고, 여기서 그 의미와 개념을 정립하고자 했지만, 성경 원문을 다루는 것이 그 당시로서는, 제가 다루기에는 너무도 큰 상대라는 것을 깨달았습니다. 날카로운 진검을 장난삼아 만든 나무칼쯤으로 여기며 마구 휘둘러 댄 것이라 할 수 있습니다. 제가 감당할 수 있는 상대를 찾아 눈높이를 낮추어야 했습니다. 성경원문을 접어야 했습니다. 대신에 원문보다 더 작은 범위로 여겨지던 구체적인 본문을 선별해서 해석하고, 의미를 찾기 시작했습니다.

성경 원문과 비교하면, 한결 수월해서 보다 더 구체화시킬 수 있었습니다. 그러나 이 또한 얼마 지나지 않아 고민을 불러 왔습니다. 원어성경 전체보다는 훨씬 쉬웠지만, 이런 본문조차도 제가 다루기에는 벅찼습니다. 상대를 또 낮추었습니다. 특정한 본문의 길이보다 짧은, 중요한

요절을 택하기로 했습니다. 예를 들어 요한복음 17장 3절, 갈라디아서 2장 20절과 같은 요절입니다. 이렇게 다시 제 자신의 능력을 낮추어 상대를 찾아 공부를 시작했더니 뭔가 손에 잡히는 것 같았습니다.

그러나 또 고민이 찾아왔습니다. 원어성경에서 본문, 본문에서 요절로 범위를 좁히며 내려오자, 큰 범위를 다룰 때에는 간과하고 지나가던 세심한 부분들에 물음이 생기기 시작했습니다. 저도 모르게 머릿속에서 번뜩이는 섬광과 같이 떠오르는 물음, 때로는 저만의 해석이었습니다. 예를 들면 구문 안에서 접속사, 혹은 여러 문법적인 용법의 구체적인 적용에 관한 부분이었습니다. 어느 경우에는 접속사 하나 때문에 (제 생각에) 놀라운 발견을 했습니다. 그 접속사 하나 때문에 본문을 짚어 내려가게 되었고, 그로 인해 본문의 범위를 어디까지 잡아야 하는지 확정할 수 있었으며, 전혀 새로운 시각에서 본문을 풀어낼 수 있게 되었습니다. (예를 들어 마태복음 5장 1절의 접속사 δέ -데)

이러한 과정을 겪었기에 헬라어, 히브리어 구문론 책을 사서 보기 시작했습니다. 문법과 구문론적인 부분들을 다듬었더니 깔끔하게 원어 문장들을 해석해 내는 듯 보였습니다. 저는 여기가 나름의 종착역이었으면 좋겠다는 생각을 가졌습니다. 그러나 제 고민은 여기서 그치지 않았습니다. 본문은 깔끔하게 정리했지만, 그 사역(私譯)의 문장이 여전히 관념적인 해석의 틀을 벗지 못했습니다. 이 문제는 꽤 오랫동안 저를 고민하게 했습니다. 할 만큼 한 것 같은데, 고민이 여전히 풀리지 않았기 때문에 힘들었습니다. 그러나 지금 생각하면 그 고민 역시 정말 다행입니다. 그때는 그렇게 힘들었는데 말입니다. 만일 제가 거기서 멈추었다면 지금쯤 어떻게 되었을지요? 그렇게 고민하다가 또 하나의 방법이 떠올랐습니다. 한 번만 더 내려가면 될 것 같았습니다. 구문론까지 왔으니, 단어까지 내려가 보리라!

그때까지 제 단어 공부, 실력은 우리가 영어단어를 외울 때 그러하듯이, 관념적인 하나의 뜻을 외우는 정도였습니다. 신앙의 고백의 표현에 대한 관념적인 의미를 원문의 구와 절, 문장에 대입해서 원문을 풀어내는 정도였으니 아무리 성경 원문을 본다고 해도, 관념적인 해석의 틀을 벗어날 수 없었던 것입니다. 저의 머리가 관념적인 번역의 틀인데, 어떻게 본문의 말씀을 본문의 음성으로 들을 수 있었겠습니까?

생각이 여기에 이르자 저는 제가 다 알고 있다고 여기던, 낮은 수준이라고 여기던 단어부터 다시 시작하기로 했습니다. 성경의 고백의 언어를 구성하는 기본단위인 단어의 의미를 성경이 말씀하는 의미로 이해할 수만 있다면, 이것이 내가 원어성경을 해석하고, 그 안에서 깊은 메시지를 발견하게 해 주는 도구가 되어 줄 것이라는 나름대로의 확신이 들었습니다. 이전에는 문법을 다듬어 깔끔하게 문장을 정리하는 것에 초점을 맞추었지만, 그 이후로는 제가 다 알고 있다고 착각하고 있었던 단어, 신앙고백의 언어의 개념에 대한 공부를 시작했습니다.

하나님께서 우리에게 보여 주시고자 하시는 뜻과 계시의 말씀인 기록된 성경을 해석하기 위해서는 그 의미의 기본단위가 되는 단어로부터 출발해야 한다는 제 나름대로의 확신(?)입니다.

궁구한 사색과 그 결과로서의 헬라어 단어
성경해석을 왜 단어부터 시작해야 할까요?

헬라, 그리스 하면 제일 먼저 떠오르는 것이 무엇일까요? 알렉산더 대왕일까요? 철학입니다! 헬라는 철학의 나라입니다. 철학이란 세계와

삶에 대한 근본원리, 본질을 연구하는 학문입니다. 철학적인 방법이 옳은가 그른가를 논하려는 것이 아닙니다. 철학에는 사물, 개념에 대한 궁구(窮究)한 사색과 그 결론이 담겨 있습니다. 당연히 이러한 궁구한 사색과 그 결론이 되는 의미가 헬라어의 기본 단위인 단어 속에 들어 있습니다. 개인적인 생각으로는, 헬라인들이 언어를 만들 때, 그리고 기본 단위가 되는 단어를 만들 때, 그 안에 자신들의 궁구한 사색을 통한 결론을 담아 놓았다고 생각합니다. 담아놓을 수밖에 없지 않을까요? 기다림이란 단어, 담대함이란 단어, 돌본다는 단어, 믿는다는 단어는 그렇게 태어났습니다.

기다림이란 무엇일까요? 우리나라 말, '기다림'에는 우리의 정서와 철학이 담겨 있습니다. 우리의 '기다림'은 시간적인 개념에서 이해될 때가 많습니다. 한 시간, 두 시간, 혹은 며칠을 기다렸다는 의미로 많이 사용됩니다. 그런데 헬라어 단어 중에 '기다리다'를 의미하는 단어를 보면, 헬라인들은 이 표현을 공간적인, 장소적인 개념으로도 사용합니다. 헬라어 '기다리다'는 단어는 '둘레에서 머물다', 곧 '둘레라고 하는 한계선을 넘어서지 않고, 그 안에서 머물다'는 의미를 가지고 있습니다.

우리가 생각하기에도 기다림에 있어서 시간적인 개념만 아니라, 그 장소, 즉 공간적인 의미로서도 고려되어야 합니다. 약속 장소를 떠난 기다림은 기다림이 아니라, 약속을 얻을 수 없는 '시간 보내기'일 뿐이기 때문입니다. 이를 대표적으로 보여 주는 말씀이 사도행전 1장 4절입니다. 예수님께서는 제자들에게 기다리되 "예루살렘을 떠나지 말고" 기다리라고 말씀하셨습니다. "예루살렘을 떠나지 말고", 곧 약속의 장소를 떠나지 말고 기다리라고 말씀하셨습니다. 이러한 주님의 명령의 내용을 우리는 '기다리라'는 동사 하나로도 살펴볼 수 있습니다. 이와 같이 헬

라어 단어에는 헬라인들의 궁구한 철학적 사색과 그 결과물로서의 의미
가 담겨 있습니다.

하나님께서는 신약성경을 기록하시는 도구로 헬라어를 택하셨습니다.
이러한 궁구한 철학적 사색으로 얻어진 결과로서의 의미들을 간직하고
있는 헬라어, 이 헬라어 단어들이, 때로는 단어 그 자체로, 그리고 어떤
경우에는 서로의 조합을 통해서 구와 절로, 그리고 문장을 이루어서 하
나님의 뜻과 계시를 우리에게 지시해 줍니다. 우리에게 하나님의 뜻과
계시를 지시하고 있는 도구가 헬라어이기에 그 의미를 먼저 짚어 보아
야 합니다.

개념에 따라 좌우되는 해석

신학생 시절 저는 제가 이해하고 있던 신앙의 언어가 그 언어의 의미
자체라고 생각했습니다. 그래서 제가 가진 온유의 개념을, 또는 은혜의
개념을 성경본문에 대입해서 말씀을 해석했습니다. 우리는 해석만 되면,
본문이 옳은 것이라고 여깁니다. 그러나 헬라어 단어의 개념이 성경에
서 어떤 의미로 사용되었는지를 짚어가는 과정을 통해 신앙의 언어, 성
경의 언어를 해석할 때, 하나님께서, 때로는 하나님의 말씀을 기록한 성
경 저자가 나타내 보여 주고자 했던 의미를 먼저 이해하는 것이 중요하
다는 것을 알았습니다. 적용은 여기에서 출발해야 합니다. 해석이 되는
것이 아니라, 바른 해석이 우리의 관심이어야 합니다.

성경적 개념의 적용이 아니라, 내가 가진 개념으로 적용을 하면, 보다
더 적절한 성경의 의미를 놓치기 쉽습니다. 이 둘 중에서 어떤 방법을
택하느냐에 따라서 성경 해석의 방향은 달라집니다. 예를 들어봅니다.

마태복음 5장 5절에 "온유한 자는 복이 있나니 그들이 땅을 기업으로 받을 것임이요"라는 말씀이 있습니다. 이 말씀을 읽었던 저는 "온유한 자"를 '부드러운 사람'으로, 그리고 "땅을 기업으로 받을 것"은 물리적인 땅, 물질적인 축복과 연결 지어 해석했습니다. '부드러운 사람이 땅을 기업으로 받는다.' 그러므로 나는 '부드러운 사람이 되어야 한다.' 제가 가지고 있었던 '온유'와 '땅'의 개념을 대입해서 풀어낸 해석과 적용입니다. 그런데 이런 온유는 때로 '비굴', '겁'과 다르지 않을 때도 있습니다.

헬라어 단어가 의미하는 '온유', 곧 성경이 채택한 '온유'의 개념은 우리가 가지고 있는 '부드러움'과는 다릅니다. 이것은 우리가 가진 '부드러움'이라는 개념보다 몇 단계, 혹은 한두 단계 더 깊습니다. 궁구한 사색의 결과겠지요. 마태복음 5장 5절의 '온유'는 외적으로 보이는 부드러움을 가능케 하는 보이지 않는 부분을 지시합니다. 어떤 사람이 부드러울까요? '훈련받은-길들여진' 사람만이 부드러울 수 있습니다. 이런 의미를 잘 보여 주는 것은 '외유내강'입니다. 외유내강한 무술인, 무림의 고수가 겉으로 부드러울 수 있는 것은 그의 수련의 혹독함, 훈련의 과정 덕분입니다. 온유는 훈련이고, 훈련을 통해 부드러워집니다.

이런 개념으로 마태복음 5장 5절을 보면, 해석이 달라집니다. '훈련받은 자가 땅을 기업으로 얻을 것이다.' 이렇게 되면, 훈련받아야 된다, 훈련받는 성도가 되어야 한다는 목적을 더 쉽게 세울 수 있습니다. 이런 의미는 '부드러움'의 개념을 대입해서 본문을 풀어낼 때보다 성경의 의미에 더 일치합니다. 훈련받는 성도가 하나님의 사람으로 쓰임 받습니다. 대표적인 사람은 모세입니다. 40년 동안 당대 최고의 학문을 배웠습니다. 그리고 또 40년을 지도자로서 감당하게 될 현장인 광야에서

답사하고, 선발대로서 훈련을 받았습니다. 훈련받은 모세였기에 하나님께로부터 이스라엘의 지도자로서 쓰임 받았습니다. 이런 모세를 민수기 12장 3절은 말씀합니다. "이 사람 모세는 온유함(훈련받음)이 지면의 모든 사람보다 더하더라."

이렇게 해석이 되면, 하나님께서 훈련시켜 주실 때, 힘들다고 불평하고 회피하려 할 것이 아니라, 그 훈련을 잘 받아야 한다는 적용도 얻을 수 있게 됩니다. 훈련 없이, 고난 없이 예수님의 사람이 되려고 하는 것이 어리석은 것임도 알게 됩니다. 또한 땅의 개념을 물리적인 땅으로서의 물질적인 것으로 해석한다면, 물질을 구하는 신앙으로만 흐르기 쉽습니다. 그러나 여기서 "땅"이란 하나님께서 맡겨주시는 사명으로서의 기업으로도 볼 수 있습니다. 이럴 때, 하나님께 훈련받은 자는 하나님의 사명을 위임받게 된다는 해석을 얻게 됩니다. 하나님의 사명자가 되기를 소원하는 사람에게 이 해석은 더없이 중요한 이정표를 제공합니다. 하나님의 기업을 얻기 위해서 훈련을 받아야 한다는 목표를 세우게 됩니다. 이것이(훈련받은 자, 준비된 자가 쓰임 받는다.) 구약이 말씀하는 메시지입니다.

성경에는 이렇게 개념에 따라서 그 해석이 달라지는 경우가 너무나 많습니다. 아니 모두라고 해야 하지 않을까요? 오늘 우리가 사용하는 언어의 개념과 성경을 기록한 헬라어의 개념이 다르기 때문입니다. 이 틈을 메워야 합니다. 헬라어와 철학을 변호하는 것은 아닙니다. 하나님께서 신약성경의 언어로 헬라어를 채택하신 것은 이 언어가 담고 있는 의미와 개념을 사용하신 것입니다. 바로 이러한 의미를 살펴보자는 것입니다.

원어성경이 가져다주는 유익

원어성경으로 공부하게 되면서 나름대로 제가 얻은 유익은 성경의 언어, 신앙의 언어에 대한 개념을 정립하는 것입니다. 이 개념을 본문의 구와 절, 그리고 문장에 대입하여 나름대로 적절하다고 여겨지는 해석을 얻습니다. 물론, 최대한 제 개인적인 해석을 제거하고자 노력합니다. 본문에 충실할 수 있습니다. 아무래도 한글로 성경을 읽고 묵상하는 것보다, 원어로 성경을 읽고 묵상하는 것이 몇 배 힘들고 어려운 작업입니다. 그러다 보니 읽어낸 원어의 본문을 놓치지 않고서, 앞의 본문을 해석하기 위해서 정신을 차립니다. 이런 작업이 처음에는 정말로 어렵습니다. 읽어낸 본문도 어렵게 해석해 겨우 가지고 있는데, 이것을 간직한 채, 앞의 본문과 씨름해야 한다는 것이 쉽지 않습니다.

그렇게 읽다 보면, 읽어낸 본문을 간직하면서 읽어야 할 본문을 해석해내는 기술을 얻게 됩니다. 이렇게 되면, 자연히 전후 문맥을 따질 수 있게 됩니다. 그러니 자연히 더 많은 데이터를 가지고 성경을 묵상하게 됩니다. 뿐만 아니라, 어려운 원문을 이런 방식으로 묵상하다 보니, 한글 성경을 읽을 때는 훨씬 쉽게 문맥과 구조를 볼 수 있습니다. 한글 성경을 읽다보면, 어떤 부분에 가서는 나도 모르게 원어성경을 펼치고 있는 모습을 발견할 때도 있습니다. 이런 부분이라면 반드시 원어를 참조해서 살펴보아야 한다는 나름의 '감'이 체득된 것일까요?

이렇게 성경을 묵상하는 훈련을 하다 보면, 'between the lines'(행간읽기)도 보입니다. 기록된 말씀을 뒷받침해 주고, 더 자세히 풀어 주는 기록되지 않은 배경과 과정, 정황들을 숙고합니다. 물론 조심해야, 정말 조심해야 할 부분입니다. 제 생각이 되어서는 안 되기 때문입니다. 그래서 'between the lines'를 하면, 반드시 본문으로 검증을 하려고 노력합니다. 성경에 있어서 'between the lines'는 정말 조심히 다루어야 하지만, 매우 중요한 부분입니다. 요한복음에 이런 말씀이 있습니다. "예수께서 행하신 일이 이 외에도 많으니 만일 낱낱이 기록된다면 이 세상이라도 이 기록된 책을 두기에 부족할 줄 아노라."(요 21:25)

원어성경으로 하는 묵상은 제게는 정말 좋은 방법입니다. 그러나 이 방법만이라고는 말하지 않습니다. 원어를 보시지 않았지만, 성경의 깊은 본질을 꿰뚫어 보시는 목사님들이 많으시기 때문입니다. 그분들의 메시지에 비하면 제 묵상은 초라합니다. 그럼에도 한 가지 확신이 있습니다. 원어성경은 말씀을 묵상하는 좋은 하나의 방법입니다. 이제 단어까지 내려와 때때로 구와 절을 넘나들고 본문 전체로 확대되고 있습니다. 이 연구와 작업을 위해 너욱 달려가고 노력하고자 합니다. 선배 목사님의 조언처럼 말입니다. "한 분야에 하루 세 시간씩 십 년이면 명인이 되고, 하루 세 시간씩 이십 년이면 역사에 남는 인물이 된다."

한국교회와 원어성경

한국교회가 영적, 양적으로 정체를 지나 감소의 시대를 맞았다고 합니다. 이 위기를 극복하기 위해서 많은 열심과 다양한 대응방법들이 동원되고 있습니다. 그러나 큰 효과를 거두고 있지 못한 것 같습니다. 한국교회의 자리가 이러하기에 이 위기를 회복시킬 새로운 방향, 새로운 방법이 절실히 요청됩니다. 위기는 항상 새로운 방향을 요구합니다. 물론 새로우면서도 효과를 가져다 줄 방향, 곧 본질로 돌아가는 것이 요청됩니다. 이런 의미에서 위기는 기회입니다.

한국교회의 위기를 극복할 좋은 모델은 종교개혁에서 찾을 수 있습니다. 많은 사람들이 오늘날 제2의 종교개혁이 절실하다고 말하는 것도 이런 의미입니다. 특별히 종교개혁의 3대 표어 중 "SOLA SCRIPTURA! (오직 성경으로)"는 오늘 한국교회의 위기를 극복할 좋은 길이며, 방법입니다. "SOLA SCRIPTURA!"에 비추어 오늘의 현실을 직시해 봅니다. 넘쳐나는 방법론과 기술들의 홍수 속에서 정작 하나님의 말씀은 빈곤하지 않나요? 교회의 개혁과 성장을 말하는 목소리도 적지 않습니다. 그러나 그 목소리를 들어보면, "SCRIPTURA!"는 적고, 사람의 노력과 열정만 많지 않은가요? 말씀과 기도로 거룩해져야 한다고 큰 소리와 큰 몸짓으로 외치지만, 그 설교 안에도 "SCRIPTURA!"는 적고, 간증과 예화만 가득 차 있었습니다. 지금의 교회 개혁과 성장의 방법이, 거룩한 교회 회복의 방법이 이러하기에 오늘의 문제들이 야기된 것은 아닌지 물어보기도 합니다.

개혁과 성장은 열정과 노력, 큰 목소리만으로 이루어지지 않습니다. 종교개혁의 루터는 "SOLA SCRIPTURA!"도 붙들었습니다. 참 개혁은 "말씀 속으로" 들어갈 때 이룰 수 있습니다. "말씀 속으로" 들어가기 위해 루터는 원어성경을 독일어성경으로 번역했습니다. 독일어성경이지만, 원어를 담은, 원어 속으로 들어간 성경입니다. 이런 의미에서 루터의 독일어성경은 종교개혁의 본질과 토대가 되었습니다. 교회의 개혁과 성장, 그리고 회복의 본질과 토대는 "SOLA SCRIPTURA!"입니다. 진실로 원한다면 "말씀 속으로" 들어가야 합니다.

"말씀 속으로" 들어가는 여러 방법 중 하나의 좋은 방법은 원어성경입니다. 이러한 사실은 누구나 알고 있습니다. 문제는 그 길이 너무나 협착하고 좁아서 들어가기가 쉽지 않다는 것, 들어가도 좀처럼 길을 진행할 수 없어 그렇게 슬그머니 잊힌다는 것입니다. 이 길을 걷는 저도 늘 지고 가는 짐이니 누구에게나 이런 부담과 스트레스가 있으리라 생각됩니다. '원어성경과 쉽지 않은 그 길의 동시성'이 갈등입니다. '쉽지 않은 길'을 볼 것인지, '회복과 개혁, 그리고 성장의 본질과 토대인 원어성경'을 볼 것인지는 성도-독자의 몫입니다. '쉽지 않은 길'을 의식하는 독자들에게 저는 할 말이 없습니다. 그 심정을 이해하기 때문입니다. 그러나 만일 '회복과 개혁, 그리고 성장의 본질과 토대인 원어성경'을 보고자 한다면, 꼭 한 마디 드리고 싶습니다.

"갱도가 무너져 죽음을 기다려야만 하는 광부들이 있습니다. 멀리서 바늘구멍보다도 작은 한 줄기 빛이 들어왔습니다. 그 작은 빛은 희망이 되었습니다. 희망이 현실이 되기를 소원하는 그들은 그곳, 희망의 현실에 이르기 위해서 자신들이 치르고 감내해야 할 모든 수고, 역경과 고난까지도 기쁨으로 마다하지 않을 것입니다. 이것이 참 희망을 바라본 사람의 대응입니다. 수고와 역경, 고난이 두려워 희망의 빛 따라가기를 마다할 어리석고 안타까운 광부는 없습니다. 진실로 하나님의 교회의 회복을 소원한다면 '말씀 속으로' 들어가야만 합니다. 말씀 안에 교회의 회복과 개혁, 성장의 신비가 놓여 있습니다."

헬라어 알파벳과 읽기

신약성경을 기록한 헬라어의 알파벳 대, 소문자 읽기를 공부합니다.

헬라어 알파벳

헬라어 알파벳과 읽기와 발음을 소개합니다. 발음은 미묘한 부분이기
에 대략적인 발음을 한글로 표기합니다.

소문자	대문자	읽기	발음	소문자	대문자	읽기	발음
α	A	알파	아	ν	N	뉘	ㄴ
β	B	베타	ㅂ	ξ	Ξ	크시	ㅋㅅ
γ	Γ	감마	ㄱ	o	O	오미크론	오
δ	Δ	델타	ㄷ	π	Π	피	ㅍ
ε	E	엡실론	에	ρ	P	로	ㄹ
ζ	Z	제타	ㅈ	σ(ς)	Σ	시그마	ㅅ
η	H	애타	애	τ	T	타우	ㅌ
θ	Θ	쎄타	ㅆ(th)	υ	Y	윕실론	위
ι	I	이오타	이	φ	Φ	피	ㅍ
κ	K	캎파	ㅋ	χ	X	키	ㅋ
λ	Λ	람다	ㄹㄹ	ψ	Ψ	프시	ㅍㅅ
μ	M	뮈	ㅁ	ω	Ω	오메가	오

헬라어 발음

1. 모음

α(아)   ε(에)   η(애)   ι(이)   ο(오)   ω(오)   υ(위)

2. 이중모음

ει(에이)   οι(오이)   αυ(아우)   ευ(유)   ου(우)

3. 주의해야 할 단어

1) σ(ς), 시그마는 단어의 끝에서는 ς로 표기합니다.

2) γ(감마)가 κ, χ, ξ 앞에 올 때는 'ㄱ'이 아니라, 'ㅇ'으로 발음합니다.

4. 숨표

1) 연기식 – 최초 모음이나 이중 모음 위에 '를 붙입니다.

2) 강기식 – 모음 위에 ' 가 붙으면, 발음이 '오'는 '호'로, '우'는 '후'로, '유'는 '휴'로, '아우'는 '하우'로 변합니다.

5. 개인적인 약속

1) ε(엡실론)은 '에'로, 그리고 η(애타)는 '애'로 발음 표기하겠습니다.

2) θ(쎄타)는 'th'발음입니다. 'ㅌ', 'ㄷ'으로도 표기하는데, 저는 '쓰'로 표기합니다.

헬라어 발음은 이 정도로 아주 간단하게 정리합니다. 더 자세하게 배우고 싶은 분은 헬라어 문법책을 참고하세요.

II 사도행전에서 신앙 언어의 개념 찾기

헬라어로 살펴보는 사도행전에 나타난
신앙 언어의 의미

'믿음'을 표현하는 세 가지 헬라어 표현

성도된 우리에게 가장 중요한 것은 신앙, 믿음입니다. 믿음이 무엇인가를 묻고, 고민하는 것은 신앙인의 출발점입니다. '믿음'은 명사가 아니라 동사라고 합니다. 이것을 '명사 믿음'에 이르기 위해서 '동사 믿음'이 뒷받침되어야 한다는 말로 이해하면 상호간의 관계를 적절하게 이해할 수 있습니다. '믿음'을 얻기 위해서는 '믿는 것'이 중요합니다. 그렇다면, 믿는다는 것은 무엇일까요? 어떤 것을 믿는다고 할까요? '믿음', '믿는 것'을 나타내는 헬라어 표현은 크게 세 가지입니다.

동사로서의 믿음을 설명해 주는 헬라어의 첫 번째 표현은 πιστεύω εἰς τὸν Ἰησοῦν(피스튜오 에이스 톤 예순-나는 예수님을 믿습니다.)입니다. 이 표현을 영어로 옮긴다면, "I believe in the Jesus."입니다. πιστεύω(피스튜오)는 '나는 믿는다.'를 의미하고, εἰς(에이스)는 영어 표현의 'in'에 해당하며, 목적어, '예수님을' 연결하는 전치사입니다. τὸν Ἰησοῦν(톤 예순)은 목적어 '예수님을'입니다. 여기서 생각해 볼 표현은 εἰς(에이스)입니다. 이 표현은 영어의 'in'으로는 그 의미를 적절하게 살리기에는 부족합니다.

'into'로 번역해야 합니다. 'in'은 '~안에'라는 의미를 가지지만, 헬라어 전치사 εἰς(에이스)는 '안으로'의 의미로서, 이동, 운동의 의미를 포함합니다. 그러므로 '~안으로'를 의미하는 'into'로 표현해야 합니다. 이렇게 보면, 예수님을 믿는 것은 '예수님 안으로 들어가는 것'입니다. '믿음 없는 세상에서 예수님을 만나, 예수님 계신 곳으로 내 삶의 자리, 영혼의 자리를 이동하는 것'이 믿음입니다. 공중권세 잡은 자 아래서 살던 우리가 이 죄의 사슬을 끊고 예수 그리스도께로 이사 가는 것, 바로 이것이 믿음입니다.

이러한 믿음의 개념을 요한복음 12장 26절은 잘 설명해 줍니다.

"사람이 나를 섬기려면 나를 따르라 나 있는 곳에 나를 섬기는 자도 거기 있으리니…"

예수님을 섬기는 사람은 자신의 자리에서 예수님을 따라가 예수님의 자리인 "거기"에 이르러야 합니다. 물론 "거기"에 머물러야 합니다. 이러한 믿음의 개념은 하나님을 따라 자신의 삶의 자리를 옮긴 아브라함을 통해서 살펴볼 수 있습니다.

"… 너는 너의 고향과 친척과 아버지의 집을 떠나 내가 네게 보여 줄 땅으로 가라"(창 12:1)

우상이 넘치는 자신의 삶의 자리에서 하나님께서 지시하신 새로운 삶의 자리를 향해 나아간, 이사 간 아브라함은 역시 믿음의 사람-조상입니다. 내 삶의 자리, 곧 나의 습관, 내 생활 방식과 습관, 그리고 내 삶의 길을 버리고 예수 그리스도께서 지시하시는 삶의 자리, 곧 예수 그리스도의 생활 방식, 그분의 길 안으로 들어가는 것이 믿음입니다.

믿음을 설명하는 두 번째 헬라어 표현은 첫 번째 표현과 전치사 한 부분만 다릅니다. 전치사 εἰς(에이스) 대신, ἐπί(에피)를 사용합니다. πιστεύω ἐπὶ τῷ Ἰησοῦ(피스튜오 에피 토 예수) 전치사 ἐπί(에피)의 의미는 '~위에 -on'입니다. 그 중에서도 영어 focus on, '~에 초점을 맞추다'는 의미로 사용됩니다. 그러므로 믿음의 두 번째 의미는 '예수 그리스도께 초점을 맞추는 것'입니다.

이러한 의미를 기초로, 전치사 ἐπί(에피)를 다시 두 가지로 구분할 수 있습니다. 먼저, 전치사 ἐπί(에피)를 사용한 동사 중에 ἐπιγράφω(에피 그라포)가 있습니다. 이 동사는 전치사 ἐπί(에피)와 '쓰다 -to write'의 의미를 가진 γράφω(그라포)의 합성어로서, '~위에 쓰다', 즉 '새기다', '각인하다'를 뜻합니다. 그러므로 '믿음은 우리 영혼에 예수 그리스도의 말씀을 새기는 것'입니다. 신명기 6장 4~9절의 '쉐마'에도 '하나님의 말씀을 마음에 새기라.'고 강조합니다. 하나님의 말씀을 우리 영혼에 새겨서 각인해 놓지 않으면, 믿음을 유지할 수 없습니다.

> "이스라엘아 들으라 우리 하나님 여호와는 오직 유일한 여호와이시니 너는 마음을 다하고 뜻을 다하고 힘을 다하여 네 하나님 여호와를 사랑하라 오늘 내가 네게 명하는 이 말씀을 너는 마음에 새기고"(신 6:4~6)

두 번째 의미는 마태복음 18장 5절에서 찾아볼 수 있습니다.

> "또 누구든지 내 이름으로 이런 어린 아이 하나를 영접하면 곧 나를 영접함이니"

여기서 "내 이름으로"의 헬라어 본문도 전치사 ἐπί(에피)를 사용하고 있습니다. ἐπὶ τῷ ὀνόματι μοῦ(에피 토 오노마티 무) 여기서 "내 이름으로"의 직역의 의미는 '내 이름을 기초로 하여', '내 이름을 근거로 하여'입니다. 신앙은 예수님을 기초로, 예수님을 근거로 합니다.

믿음을 설명해 주는 세 번째 헬라어 표현은 앞의 두 표현에 들어가 있는 전치사를 생략하고 동사와 목적어로만 표현합니다. πιστεύω τῷ Ἰησοῦ(피스튜오 토 예수) 이 표현은 '나는 예수님을 믿는다'는 의미입니다. 여기서 목적어에 해당하는 τῷ Ἰησοῦ(토 예수)의 직역의 의미는 '예수님께', '예수님에게'입니다. 이러한 용례는 A가 B에게 자신을, 혹은 자신의 어떤 것을 위임하거나, 넘겨 줄 때 사용됩니다. 그러므로 믿음을 나타내는 세 번째 헬라어 표현 πιστεύω τῷ Ἰησοῦ(피스튜오 토 예수)는 '나는 예수님께 내 모든 것을 넘겨 드립니다. 위임해 드립니다.'라는 의미를 담고 있습니다. 갈라디아서 2장 20절이 이러한 의미를 보여 줍니다.

"내가 그리스도와 함께 십자가에 못 박혔나니 그런즉 이제는 내가 사는 것이 아니요 오직 내 안에 그리스도께서 사시는 것이라 이제 내가 육체 가운데 사는 것은 나를 사랑하사 나를 위하여 자기 자신을 버리신 하나님의 아들을 믿는 믿음 안에서 사는 것이라."

사도 바울은 자신의 모든 것을 주님께 넘겨 드렸습니다. 주님께 위임해 드렸기에 "이제는 내가 사는 것이 아니요"라고 고백합니다. 자신의 삶, 생명이 아니기 때문입니다. 이어서 고백합니다. "나를 사랑하사 나를 위하여 자기 자신을 버리신 하나님의 아들을 믿는 믿음 안에서 사는 것이라" 바로 이것이 "믿음"이라고 고백합니다. 신앙인의 믿음의 자랑은 누가 자신의 더 많은 부분을 주님께 넘겨 드리느냐, 위임해 드리느냐에 있습니다. 자신이 할 수 있는 것을 위임해 드리는 신앙인이 있습니다. 이에 비하여 자신이 위임해 드리기 힘든 것, 목숨까지도 위임해 드리는 신앙인이 있습니다. 같은 믿음이 아닙니다. 아직 미숙과 성숙의 차이입니다.

믿음, '예수님 안으로 들어가는', '예수님 위에 서는', '예수님을 새기는', '예수님께 모든 것을 위임해 드리는' 믿음을 기억하며, 이러한 믿음으로 성숙되기를 바랍니다.

교회의 두 모습

세상 밖으로 - ἐκκλησία(에클래시아),
세상 안으로 - 세상의 소금과 빛

"그리하여 온 유대와 갈릴리와 사마리아 **교회**가 평안하여 든든히 서 가고 주를 경외함과 성령의 위로로 진행하여 수가 더 많아지니라" (행 9:31)

ἐκκλησία (에클래시아)

"교회"라는 단어는 ἐκκλησία(에클래시아)입니다. 이 말은 '밖으로'를 의미하는 전치사 ἐκ(에크)와 '부르다'를 의미하는 동사 καλέω(칼레오)의 합성어로서, 그 의미는 '~밖으로 부르다', '~밖으로 부름 받다'입니다. 그러므로 교회는 '세상 밖으로 부름 받은 사람들의 모임'을 뜻합니다. '세상 밖으로' 부름 받은 사람들의 모임이 교회입니다. '세상 밖으로'라는 의미는 세상의 질서와 방식, 길을 버리고 포기하는 것을 의미합니다. 이러한 것들을 포기하고 '세상 밖으로' 나온 교회의 목적지가 있습니다. 그것은 '부름 받다'는 표현에서 살펴볼 수 있듯이, 불러주신 분이 계신 곳입니다. 세상 밖으로 나와 예수 그리스도께로 이사한 사람들의 모임이 교회입니다. 믿음의 εἰς(에이스, ~안으로) 개념과 동일합니다.

예수 그리스도께서 믿는 성도를 세상 밖으로 불러 주시는 목적이 있습니다. 그것은 이전에 행하던 악한 일과 죄의 길, 세상의 방식을 벗고,

새로운 길 예수 그리스도의 길을 걷는 백성이 되도록 세워 주시기 위해서입니다. 하나님께서 히브리 민족을 애굽에서 출애굽시켜 주셨습니다. 430년 동안의 노예생활로 인하여 그들은 의식적으로, 또는 무의식적으로 노예의 습성을 지니고 있었습니다. 이런 노예의 습성을 가지고는 하나님의 백성으로서 살아갈 수 없습니다. 히브리 민족이 참된 하나님의 선민으로 세워지기 위해서는 먼저 그들의 노예습성이 씻겨야 합니다. 하나님께서는 이 노예습성, 세상의 방식을 씻어 주시기 위해서 율법(토라)을 수여하셨습니다.

율법(토라)에는 가르침, 교훈의 의미도 있습니다. 노예습성을 제거하고 하나님의 백성다운 모습으로 살아가는 방식과 길을 가르쳐 주신 것입니다. 하나님께서 히브리 민족을 애굽(세상) 밖으로 불러 주신 목적입니다. 예수님께서 믿는 사를 세상 밖으로 불러주신 목적도 동일합니다. 예수님께서 우리를 가르쳐 주시고, 훈련시켜 주셔서 예수 그리스도의 사람으로 세우시고자 함입니다. 히브리민족이 광야의 훈련 과정 없이는 하나님의 선민이 될 수 없듯이, 우리도 세상 밖으로 부름 받은 후, 그곳에서 훈련받지 않고서는 예수 그리스도의 온전한 사람이 될 수 없습니다.

세상 밖으로 우리를 불러주신 목적, 우리를 교회 삼아 주신 목적은 우리를 예수 그리스도의 사람으로 세우기 위함입니다. 군에 입대하는 장정은 곧바로 자대에 배치 받지 않습니다. 반드시 신병교육대를 거칩니다. 그동안 세상에서 자유인으로서 살아온 습관을 지우고, 군인으로서 새롭게 자세와 모습을 다듬는 곳이 바로 신병교육대입니다. 정해진 훈련 기간을 마치면, 더 이상 신병교육대에 남아 있지 않습니다. 자대로 갑니다. 그곳에서 주어진 임무를 수행합니다.

우리를 세상 밖으로 불러주시는 예수님의 목적도 이와 같습니다. 주님의 선하신 목적을 수행하는 사명자로 세우시기 위하여 우리를 교회라는 신병교육대에서 훈련시켜 주십니다. 만일 교회가 이와 같은 사명을 기억하지 않는다면, 교회는 그 안과 밖을 구분하는 울타리가 되어버리고 맙니다. 신병교육을 받은 훈련병이 계속 훈련병으로 교육대에 남아 있는 것과 같습니다.

예수님께서 우리를 세상 밖으로 부르셔서 교회와 성도로 삼아 주신 목적은 마태복음 5장 13~14절을 통해서 살펴볼 수 있습니다. 주님께서는 교회와 성도를 소금과 빛이라 말씀하십니다. 교회와 성도에게 요구하시는 수준, 모습입니다. 소금과 같이 예수님의 짠 맛을 배워서 나타내야 합니다. 빛과 같이 주님의 밝음을 배워 세상을 비추어야 합니다. 그런데 이 구절을 자세히 보면, 그냥 소금과 빛이 아니라, 그 앞에 "세상의"라는 단서를 붙이셨습니다. 세상의 소금이 되어야 하고, 세상의 빛이 되어야 합니다.

주님께서 우리를 세상 밖으로 불러주셔서 훈련시키고, 가르치셔서 예수 그리스도의 사람으로 세워 주셨습니다. 이제 예수 그리스도의 사람이 된 교회와 성도를 다시 세상 안으로 들여보내십니다. 주님의 소금과 빛으로서의 사명을 세상에서 감당하라고 말씀하십니다. 세상에 소금과 빛으로 사명을 감당하기 위해서는 세상 밖으로 나와 훈련을 받아야 합니다. 그러나 이것이 목적이 아닙니다. 변화된 모습, 예수 그리스도의 사람으로 세워져 다시 세상 안으로 들어가야 합니다. 예수님 안으로 들어와 교회와 성도가 되었다면, 이제는 세상 안으로 들어가 세상을 예수님 안으로 인도해야 합니다.

베드로는 변화산에서 초막 셋을 짓고, 그 좋은 곳에 머물러 있기를 원했지만, 예수님께서는 세상으로 내려가자고 말씀하셨습니다. 제자들은 예수님의 생명을 찾는 유대를 멀리하고자 했지만, 예수님께서는 다시 유대로 들어가셨습니다. 세상과 분리되어야 하지만, 세상과 하나가 되어야 합니다. 세상의 습관과 방식, 길과는 분리되는 거룩한 영적인 바리새인이 되어야 하지만, 세상을 품고 사랑하는 마음에 있어서만큼은 세상과 하나가 되어야 합니다. 고난과 핍박의 세상이지만, 세상의 소금과 빛으로서 사랑하고 품어 하나가 되어야 합니다.

교회가 이런 모습이 되지 못하면, 세상의 소금으로서의 교회가 그 맛을 잃거나, 세상의 빛(φωστήρ-포스태르, 반사체-反射體)으로서 그 빛(φῶς-포스, 예수 그리스도의 빛, 복음)을 잃으면 교회(ἐκκλησία-에클래시아)는 사도행전 19장 32절의 "무리(ἐκκλησία-에클래시아)"가 되고 맙니다.

ἐκκλησία(에클래시아)라는 모양은 갖추었을지 모르지만, 예수 그리스도의 복음, 예수 그리스도의 그 능력을 소유하지 못한 "무리"가 되고 맙니다. 자신들의 뜻과 선택을 이루기에만 애쓰는 무리가 되고 맙니다. 교회는 φωστήρ(포스태르)입니다. 예수 그리스도의 φῶς(포스)를 받아 그 빛(φῶς-포스)을 비추는 반사체(反射體)입니다. 우리 안에 예수 그리스도의 빛, 그 복음과 능력을 소유해야 합니다.

신실한 교회되기 위해서 세상 밖으로 나와 먼저 교회로 세워져야 합니다. 그러고는 그 신실한 교회의 모습을 가지고 세상 안으로 들어가 소금과 빛이 되어야 합니다. 이것이 교회의 두 모습입니다. 내가 있는 자리는 어디입니까? 훈련받은 교회입니까? 세상의 소금과 빛이 되십시오. 교회이기는 하지만, 아직 훈련받지는 못했습니까? 그렇다면, 세상의 소금과 빛은 그때까지 잠시 미뤄두고, 먼저 훈련을 받아 예수 그리스도의 사람이 되어야 합니다. 예수 그리스도의 사람이 되지 않고는 세상의 소금과 빛은 될 수 없기 때문입니다.

기다림

"… 예루살렘을 떠나지 말고 내게서 들은 바 아버지께서 약속하신 것을 기다리라"(행 1:4)

περιμένειν(페리메네인), 기본형-περιμένω(페리메노)

기다림에는 3가지 개념이 있습니다. 이 세 가지 요소가 충족될 때 진정한 기다림을 이룰 수 있습니다. 먼저 시간적인 개념입니다. 예수님께서 부활하신 후, 40일간 자신을 나타내시다가 "기다리라"고 말씀하시며 승천하셨습니다. 예수님께서 승천하신 후 오십 일째 되는 날에 약속하신 성령님께서 강림하셨으니, 주님께서 말씀하신 기다림의 시간은 약 '열흘'입니다.

물리적인 시간으로서의 '열흘'은 그리 길지 않습니다. 그러나 두렵고 초조한 상황 속에서 그 기한을 알지 못한 채, 기다려야 하는 '열흘'이라면 다릅니다. 주님께서는 약속의 말씀을 남기신 채 승천하셨습니다. 아직 약속하신 성령은 강림하시지 않으셨습니다. 신앙의 공백상태입니다. 이 공백상태가 언제까지 지속될지 모르는 가운데 기다리는 '열흘'은 두려움입니다. 신앙 안에서 영원한 구원의 약속과 인생 가운데에서 주님께서 주신 삶의 약속을 기다리는 우리에게도 '열흘'이라는 불안하고 초조한 시간은 늘 있습니다.

기다림이 쉽지 않기에, 많은 사람들이 '열흘'을 기다리지 못합니다. 그래서 하나님의 약속의 성취를 경험하지 못합니다. 반대로 '열흘'을 잘 기다리는 사람은 제자들이 약속의 성취인 오순절의 성령강림을 체험하여 더 능력 있고, 성숙한 그리스도의 사도로 변화된 것과 같이 하나님의 약속의 성취를 경험하게 되어 더욱 신실한 성도로 성숙됩니다. 잘 기다리는 사람은 주님의 약속에 의지하여 초조하고 두려운 시간, '열흘'을 기다리는 사람입니다.

기다림의 두 번째 의미는 공간적, 장소적 개념입니다. 한글 성경의 "기다리다"는 헬라어 원문에서는 περιμένω(페리메노)입니다. 전치사와 동사로 합성된 이 단어를 살펴보면, 기다림의 두 번째 의미를 살펴볼 수 있습니다. 그리고 사도행전 1장 4절을 보다 더 잘 이해하게 됩니다. περιμένω(페리메노)는 전치사 περί(페리-둘레에, 주변에)와 μένω(메노-머물다)의 합성어입니다. 그러므로 '기다리다'는 동사 περιμένω(페리메노)는 '둘레에 머물다, 주변에 머물다'는 의미입니다.

기다림의 두 번째 의미는 '기다리는 장소 주변에서, 곧 기다림의 장소에서 머무르는 것'입니다. 잘 기다리는 사람은 기다리는 장소를 떠나지 않습니다. 있어야 할 자리를 떠나서 기다리는 것은 회피와 도피입니다. 회피하고 도피한 사람에게는 대가, 열매가 주어지지 않습니다. 본회퍼에게 영예가 돌아가야 한다면, 그것은 모두가 망명하여 벗어나려고 애쓰던 조국 독일의 자리를 재건의 소망을 품고 그 고난의 자리를 지켜낸 것에 있습니다.

사람들은 기다림을 말할 때, '한 시간을 기다렸다.' '두 시간을 기다렸다.'라고 시간적인 개념의 기다림만을 말하지만, 본문이 기록하고 있는 περιμένω(페리메노)에 의하면, 기다림은 '어디서 기다리느냐', 즉 '기다림의 장소'에도 중요한 의미가 있습니다. 그래서 예수님께서도 승천하시며 사랑하는 제자들에게 약속하신 성령을 기다리되 "예루살렘을 떠나지 말고"(행 1:4) 기다려야 한다고 말씀하셨습니다. 예루살렘이라는 기다림의 장소를 강조하시는 주님의 이런 마음을 생생하게 살리기 위해 저자는 다른 표현이 있음에도 περιμένω(페리메노)라는 동사를 선별해서 기록했을 것입니다.

장소를 떠난 기다림은 약속의 성취를 경험할 수 없습니다. 우리에게 약속의 자리는 '사명의 자리'입니다. 주님께서 내게 주신 직분과 사명의 자리, 그것이 어떤 모습이든지 그 자리를 지키며 기다려야 합니다. 주님께서 주신 사명의 자리, 신앙 안에서 내 자신이 존재하는 목적이 되는 사명의 자리를 떠나지 않는다면, '열흘'이라는 시간이 찬 후에 반드시 약속의 성취를 경험할 수 있습니다.

기다림의 두 번째 개념, 기다림의 장소, 공간적 개념과 연결하여 또 한 곳 살펴볼 곳은 마태복음 25장 1~13절입니다. 본문은 '기다림의 장소'를 지키지 못하고 떠나서 낭패를 본 미련한 다섯 처녀를 소개합니다. 물론 그녀들은 떨어진 기름을 보충하기 위해서 잠시 자리를 비웠습니다. 잠시 동안 자리를 비웠습니다. 그녀들은 신랑을 기다려야 할 약속의 자리를 떠났습니다. 여기에는 어떤 핑계와 이유도 통하지 않았습니다. "그들이 (기름을) 사러 간 사이에(마 25:10)", 곧 기다림의 자리를 비운 사이에 신랑이 왔습니다. 문은 닫혔습니다. 돌아온 다섯 처녀는 열어 달라고 소리쳤습니다. 그러나 그녀들에게 문은 다시 열리지 않습니다.

어떤 핑계와 이유에도 불문하고 반드시 지켜야 할 자리를 떠난 '미련한 다섯 처녀'는 옳지 못했습니다. 그녀들의 잘못은 자리-장소를 지키지 못한 것입니다. 헬라어 단어 중에 이런 의미를 그리는 ἄτοπος(아토포스)라는 단어가 있습니다. 부정 접두어 ἄ(아)와 '장소'를 의미하는 τόπος(토포스)로 이루어진 형용사입니다. 그 뜻은 '옳지 않은'입니다. '장소의 부정', 곧 '자리를 떠난 것', '장소를 지키지 못한 것'을 '옳지 않은' 것이라고 표현합니다. 승리하는 신앙인은 잘 기다리는 성도입니다. 잘 기다리는 성도는 주님께서 주신 기다림의 장소, 내가 지켜야 할 사명의 자리에서 기다립니다.

사람들이 그녀들을 '미련한 다섯 처녀'라고 부르는 본질은 그녀들이 기다림의 장소를 지키지 못했기 때문입니다. 신앙의 삶을 살다보면, 우리에게 신앙의 자리를 떠나게 하는 여러 핑계들, 정말 그럴 수밖에 없는 핑계들이 있습니다. 그러나 그런 핑계까지도 넘어 사명의 자리를 지키며 기다려야 합니다.

기다림의 세 번째 의미는 앞에서 소개한 물리적인 시간과 공간 안에서 어떻게 기다리느냐, 즉 '미지의 열흘 동안' '사명의 자리'에서 어떤 자세, 어떤 모습으로 기다려야 하는가에 대한 답변입니다. 기다림의 세 번째 개념, 기다림의 자세는 사도행전 10장 24절에서 살펴볼 수 있습니다.

"… 고넬료가 그의 친척과 가까운 친구들을 모아 **기다리더니**" - ἦν προσδοκῶν(앤 프로스도콘), 기본형 - προσδοκάω(프로스도카오)

본문의 동사 προσδοκάω(프로스도카오)는 '~을 향하여', 때때로 '~를 위하여'를 의미하는 전치사 πρός(프로스)와 '생각하다'를 의미하는 동사 δοκέω(도케오)의 합성어입니다. 그러므로 '기다리다'는 동사 προσδοκάω (프로스도카오)는 '~를 향하여, 혹은 ~를 위하여 기대와 희망을 가지고, 마음을 그에게로 향하여 기다리다'는 의미입니다. '누군가를, 무엇인가를 향하여 열망하고 고대하는 기다림'입니다.

본문은 하나님의 사자, 베드로를 기다리는 고넬료의 태도를 잘 보여 줍니다. 성도의 기다림이 고넬료의 기다림처럼, 하나님을, 예수 그리스도를 열망하고 고대하는 기다림이 되어야 합니다. 주님께서 주신 비전과 소명을 향하여서도 고난의 시간과 고난의 장소, 그 한복판에서도 이런 모습으로 기다릴 수 있어야 합니다.

기다림의 시간, 공간, 그리고 태도-자세를 모두 구비하여 기다린 사람들이 있습니다. 사도행전 1장 12~14절을 보면, 예수님의 승천을 지켜본 사도들과 제자들은 산으로부터 예루살렘에 돌아와서는 다락방으로 올라가 마음을 같이하여 기도에 전념했습니다. 주님께서 약속해 주신 성령의 강림을 덧입을 때까지 주님께서 주신 성령강림의 약속을 열렬히 기대하고 소망합니다.

> "제자들이 감람원이라 하는 산으로부터 예루살렘에 돌아오니 이 산은 예루살렘에서 가까워 안식일에 가기 알맞은 길이라 들어가 그들이 유하는 다락방으로 올라가니 베드로, 요한, 야고보, 안드레와 빌립, 도마와 바돌로매, 마태와 및 알패오의 아들 야고보, 셀롯인 시몬, 야고보의 아들 유다가 거기 있어 여자들과 예수의 어머니 마리아와 예수의 아우들과 더불어 마음을 같이하여 오로지 기도에 힘쓰더라." (행 1:12~14)

'성령강림 때까지'는 시간적 개념으로서의 '미지의 열흘'입니다. '예루살렘에 돌아와'는 공간-장소적 개념으로서의 '기다림의 장소'입니다. 그리고 그 두려운 시간을 두려운 장소, 예루살렘에서 주님의 약속의 성취를 열망하며 "기도에 힘쓰며" 기다린 것은 '기다림의 태도-자세'입니다. 이렇게 잘 기다렸기에 약속하신 성령강림을 체험하였습니다. 우리도 이와 같은 기다림으로 주님을 기다린다면, 주님의 약속의 성취를 경험할 수 있습니다.

누가복음 2장 36~38절의 여선지자 안나는 "팔십사 세(시간)"가 되기까지 "성전을 떠나지 아니하고(장소)" "금식하며 기도함으로 섬기더니(기다림의 자세-열망)" 결국 약속의 메시아, 예수님을 만나는 약속의 성취를 경험하였습니다. 누가복음 3장 2절의 세례자 요한은 "빈들에서", 그 외로운 시간과 그 두려운 장소를 떠나지 아니하고 하나님의 말씀을 열망하고 기다리더니 결국 하나님의 말씀을 받았습니다.

개신교는 하나님의 약속을 기다리는 '기다림의 종교'입니다. 하나님께서 주시는 약속의 성취, 기도의 응답, 비전의 성취, 사명의 감당은 잘 기다리는 사람에게 주어지는 하나님의 선물입니다. 기다림의 세 가지, '열흘-시간'과 '기다림의 자리' 안에서 '기다림의 자세, 즉 열렬한 기대와 희망'을 견지하여 잘 기다릴 수 있기를 바랍니다.

사망의 고통

"하나님께서 그를 **사망의 고통**에서 풀어 살리셨으니…" (행 2:24)

τὰς ὠδῖνας τοῦ θανάτου(타스 오디나스 투 싸나투), 기본형
-ὠδίν(오딘)

본문이 표현하는 '예수님의 사망의 고통'은 결코 단순한 죽음의 고통
이 아닙니다. 주님의 "사망의 고통"이 온 인류의 구속과 구원의 역사를
성취하셨습니다. 주님께서 당하신 "사망의 고통"은 '고통'과 동시에 '구
원의 역사'입니다. 본문에서 "사망의 고통"을 표현하는 헬라어 단어도
바로 이러한 의미를 직접적으로 담고 있습니다.

"사망의 고통"에 해당하는 헬라어 표현은 τὰς ὠδῖνας τοῦ
θανάτου(타스 오디나스 투 싸나투)"입니다. 여기서 ὠδῖνας(오디나스, 기본
형, ὠδίν-오딘)라는 단어는 단순한 고통이 아니라, "해산의 고통"(살전
5:3), '새로운 생명을 인도하기 위해 수반되는 필연적 고통'을 의미합니
다. 예수님께서 지신 십자가의 사망의 고통은 온 인류에게 구원을 선물
해 주시기 위해 필연적으로 겪으셔야 했던 해산의 고통이셨음을 헬라어
단어가 밝혀줍니다.

사람들은 고통이라면, 두말없이, 그 의미도 살펴보지 않고는 싫어하고 거부합니다. 그러나 고통 중에는 주님께서 겪으셨던 '해산의 고통'도 있습니다. 그러므로 지금까지 우리가 가졌던 고통에 대한 태도와 반응을 바꾸어야 합니다. 주님의 "사망의 고통"을 본받은 대표적인 사도 중에 한 사람은 사도 바울입니다. 그는 수많은 고난과 고통, 죽음의 위협을 기꺼이 맞아들였습니다. 회당을 찾아가서 전도하면, 유대인들이 자신을 해하고, 죽이려 한다는 것을 잘 알면서도 새로운 전도지에 가서는 어김없이 유대인의 회당을 찾았습니다.

사도 바울은 고통과 죽음의 위협 속에 숨겨진 해산의 고통을 바라보았고, 그 해산의 고통으로 잉태하고 출산하는 감격과 기쁨을 맛보았기에 어느 누구도, 그 어떤 고난과 박해도 사도 바울이 자원하는 해산의 고통을 막지 못했습니다. 바울은 고린도후서 11장 23~28절에 나열하는 그 모든 고통을 오히려 기쁨이라고 고백합니다.

> "그들이 그리스도의 일꾼이냐 정신 없는 말을 하거니와 나는 더욱 그러하도다 내가 수고를 넘치도록 하고 옥에 갇히기도 더 많이 하고 매도 수없이 맞고 여러 번 죽을 뻔하였으니 유대인들에게 사십에서 하나 감한 매를 다섯 번 맞았으며 세 번 태장으로 맞고 한 번 돌로 맞고 세 번 파선하고 일 주야를 깊은 바다에서 지냈으며 여러 번 여행하면서 강의 위험과 강도의 위험과 동족의 위험과 이방인의 위험과 시내의 위험과 광야의 위험과 바다의 위험과 거짓 형제 중의 위험을 당하고 또 수고하며 애쓰고 여러 번 자지 못하고 주리며 목마르고 여러 번 굶고 춥고 헐벗었노라 이 외의 일은 고사하고 아직도 날마다 내 속에 눌리는 일이 있으니 곧 모든 교회를 위하여 염려하는 것이라"(고후 11:23~28)

사도 바울은 이런 해산의 고통으로 빌립보에서는 루디아, 데살로니가에서는 아리스다고와 세군도, 베뢰아에서는 소바더, 그리고 아덴에서는 디오누시오와 다마리를 출산하는 기쁨과 감격을 맛보았습니다. 바울에게 이런 감격이 있는데 그런 고통이 단순한 고통이었겠습니까! 바울은 또한 고린도에서는 회당장 그리스보와 소스데네를 출산하는 기적을 경험하였습니다. 이것은 정말로 기적이라고 밖에는 달리 표현할 수 없습니다. 바울을 극렬히 대적하는 반대자들의 우두머리를 연이어서 두 명이나 그리스도의 사람으로 세웠습니다. 이것은 삼천 명, 오천 명을 전도하여 세례를 베푼 베드로의 기적(행 2:41)과 비교해도 손색이 없는 기적의 전도입니다.

바울의 고통은 '해산의 고통'입니다. 바울의 이러한 모습을 잘 보여주는 구절은 고린도후서 4장 12절입니다. 그는 여기서 자신의 고통을 예수 그리스도의 생명을 전하는 전도자의 해산의 고통으로 묘사합니다. 바울은 살리는 역사를 위해 기꺼이 사망의 고통을 짊어지시며 "한 알의 밀"이 되신 예수 그리스도를 따릅니다.

> "그런즉 사망은 우리 안에서 역사하고 생명은 너희 안에서 하느니라" (고후 4:12)

담대함

"형제들아 내가 조상 다윗에 대하여 **담대히** 말할 수 있노니…" (행 2:29)

μετὰ παρρησίας(메타 파르래시아스), 기본형-παρρησία(파르래시아)

사도행진에 나타난 베드로와 제자들, 스데반, 바울, 그리고 바울의 동역자들의 모습을 생각해 볼 때, 사도행전은 '주님의 담대한 제자들의 행전'이라고 말할 수 있습니다. 사도행전에 소개된 사도들은 어떤 상황과 위협에도 굴하지 않고 하나님께서 자신들의 마음속에 넣어 주신 말씀, 하나님께서 원하시는 행동과 삶을 남김없이 모두 다 증거하였습니다. 사도행전 4장 13절, 공회 앞에서 심문 받는 베드로와 요한은 그 대단한 위협과 협박 앞에서도 담대하게 말합니다. 오히려 공회원들이 베드로와 요한의 담대함에 놀라서 이상히 여길 정도입니다. 그러면서 베드로는 "보고 들은 것을 말하지 아니할 수 없다"고 증언합니다. (행 4:20)

담대함은 목회자들뿐만 아니라, 주님의 사랑을 세상에 전해야 하는 모든 성도들에게도 꼭 필요한 덕목입니다. 위에서 살펴본 이러한 담대함의 모습을 헬라어 단어가 잘 담아냅니다. 담대함을 의미하는 παρρησία(파르래시아)는 '모든-all'을 의미하는 παρ(파르, 기본형, παν-

판)와 '말하다'를 의미하는 ρησία(래시아)의 합성어입니다. 그러므로 παρρησία(파르래시아)는 '모든 것을 다 말하다.'입니다. 따라서 담대한 사람이란 '주님께서 주신 말씀을 모두, 남김없이, 어떤 상황에도 굴하지 않고 다 말하는 사람'입니다. 사도들이 보여 주는 모습을 담아내기에 가장 적절한 단어입니다.

이러한 담대함의 의미는 성경 본문이 보여 주는 사도들의 모습과도 정확하게 일치합니다. 앞서 살펴 본대로, 베드로와 요한이 공회 앞에서 담대하게, 거침없이 성령께서 주신 말씀을 하나도 남기지 않고 모두 다 증거한 것과 같이 사도 바울도 그러했습니다. 비시디아 안디옥에서의 전도(행 13장), 이고니온과 루스드라에서의 전도(행 14:8~28)는 물론, 빌립보에서의 전도(행 16장), 데살로니가와 베뢰아, 그리고 아덴에서의 전도(행 17장), 고린도에서의 전도(행 18장)에서도 주님의 말씀을 담대하게 증거하였습니다. 그리고 예루살렘에서 붙잡힌 후, 자신을 죽이려고 혈안이 된 무리 앞에서도 바울은 담대하게 증거하였습니다.(행 22~23장)

사도행전에는 또 다른 담대한 사람들이 있습니다. 어쩌면 그들은 숨겨진 사람들입니다. 그들은 사도 바울의 제자, 혹은 동역자들입니다. 그들은 죽음의 위협에도 흔들림 없이 담대하게 바울을 돕거나 그의 선교 여행에 동행하였습니다. 사도행전 20장 3절을 보면, 사도 바울은 "유대인들이 자기를 해하려고 공모하므로 마게도냐를 거쳐 돌아가기로 작정"하였습니다. 바울의 길은 이와 같이 늘 죽음의 위협이 따라다니는 길이었습니다. 그러나 이들은 죽음의 위협의 길을 걷는 바울과 늘 동행했습니다.

4절, 이런 죽음의 위협이 함께 하는 아시아까지의 여행길을 "베뢰아 사람 부로의 아들 소바더와 데살로니가 사람 아리스다고와 세군도와 더베 사람 가이오와 및 디모데와 아시아 사람 두기고와 드로비모"가 담대하게 동행했습니다. 후에 바울은 로마로 압송되는데 로마로 압송되는 바울을 데살로니가 사람 아리스다고가 동행하였습니다(행 27:2). 이들은 빌립보서 4장 1절이 말씀하는 대로 '바울의 면류관', '바울의 기념패'와 같은 동역자입니다.

감추다(갈라놓다)

(아나니아와 삽비라가 소유를 팔아) "그 값에서 얼마를 감추매…"(행 5:2)

$\dot{\epsilon}νοσφίσατο$(에노스피사토), 기본형-$νοσφίζω$(노스피조)

아나니아와 삽비라가 죽임을 당한 것은 성령을 속였기 때문입니다. 성령을 속였다는 것의 구체적인 내용은 '땅 값 얼마를 감춘 것'입니다. '감추다'를 의미하는 단어, $νοσφίζω$(노스피조)는 '갈라놓다', '따로 떼어 놓다'를 의미합니다. 그러므로 아나니아와 삽비라가 죽임을 당한 본질적인 이유는 '자신을 위하여 소유를 갈라놓은 것' 그리고 이러한 사실이 그들의 생각에도 하나님께서 기뻐하시지 않는다는 것을 알았기에 이 사실을 '속인 것'입니다. 디도서 2장 10절에는 "훔치지 말고", '훔치다'의 의미로 표현하고 있습니다. 그러므로 자신을 위해 갈라놓는 것은 하나님의 것을 훔치는 것입니다.

아나니아와 삽비라는 자신들을 위하여 갈라놓았던 것이 결국은 죽임을 당하는 죄가 되었습니다. 그래서 우리는 갈라놓는 것을 나쁜 것으로 생각할 수 있지만, 사실은 나쁜 의미만 있는 것은 아닙니다. 누구를 위하여 갈라놓는 것인지에 따라 '갈라놓는 것'이 귀한 의미가 될 수도 있습니다. 아나니아와 삽비라는 자신을 위하여 갈라놓았습니다. 그러나 '갈라놓음'의 대상이 자신이 아니라, 하나님일 때, 이 말은 지극히 거룩한 개념을 가집니다. 우리가 자주 사용하는 표현 중에, '성별', '거룩'이라는 말이 있습니다. 이 말 자체가 '거룩하게 구별하다.' 즉 '분리하다', '갈라놓다'는 의미입니다. 좋은 것, 귀한 것을 하나님을 위해 갈라놓는 것, 이것이 바로 신앙이며, 헌신과 봉사, 충성과 순종, 그리고 십일조와 헌금입니다.

'갈라놓는' 행위가 아니라, 그 대상이 되는 누구를 위하여 갈라놓느냐가 중요합니다. 우리의 삶과 신앙을, 우리의 열정과 목숨을 '나를 위해서'가 아니라, '하나님을 위하여' 갈라놓아야 합니다. 하나님을 위하여, 예수 그리스도를 위하여 갈라놓아야 할 것이 무엇인지 생각해 봅니다.

칭찬 받는 사람

"형제들아 너희 가운데서 성령과 지혜가 충만하여 **칭찬 받는** 사람 일곱을 택하라…"(행 6:3)

μαρτυρουμένους(말튀루메누스), 기본형-μαρτυρέω(말튀레오-동사),
μάρτυς(말튀스-명사)

앞서 살펴 본 '신앙의 가치를 어디에 두느냐?'는 물음은 사도행전 6 장 3절의 "칭찬 받는" 것과 관계가 있습니다. 올바른 가치, 주님께서 기뻐하시는 가치를 설정하고 나아가는 성도는 주님께 기쁨이 되어 칭찬 받는 성도가 되기 때문입니다. 그러므로 '신앙의 가치를 어디에 두느냐?'와 '어떻게 하면 칭찬 받는 성도가 될 수 있는가?' 하는 물음은 하나입니다. 사도행전 6장 3절을 통해 어떤 사람이 칭찬 받는 사람인지 살펴볼 수 있습니다. 또한 신앙인의 가치를 어디에 두어야 할지도 함께 살펴볼 수 있습니다.

열두 사도는 "오로지 기도하는 일과 말씀 사역에 힘쓰기" 위하여 '구제'의 일을 담당할 일곱 일꾼을 선출합니다. 이때, 그 기준으로 삼은 것 중 하나가 바로 "칭찬 받는 사람"입니다. "칭찬 받는" 이유는 여러 가지가 있습니다. 이러한 구체적인 모습을 살펴보지 않고 막연하게 "칭찬 받는 사람", '그런 사람이 되어야 한다.'고 가르치거나 스스로 결심한다면, 그것은 관념적인 교훈에 그치고 맙니다.

그렇다면 오늘 본문이, 그리고 더 나아가 성경이 말씀하는 "칭찬 받는 사람"이란 어떤 모습일까요? 본문은 어떤 사람이 "칭찬 받는 사람"인지 우리에게 말씀해 줍니다. 본문에서 "칭찬 받는"에 해당하는 동사는 μαρτυρέω(말튀레오)입니다. 이 동사의 가장 보편적인 의미는 '증거하다'입니다. 그래서 이 동사와 어원을 같이 하는 명사 μάρτυς(말튀스)는 '증거하는 사람', 즉 '증인'을 의미합니다. 그러므로 본문의 적절한 의미를 다음과 같이 표현할 수 있습니다.

> "성령과 지혜가 충만하여 (예수 그리스도를, 복음을) 증거하는 일곱 (사람)을 택하라"(행 6:3)

예수 그리스도께 그리고 교회에서 "칭찬 받는 사람"은 '예수 그리스도의 복음을 증거하는 사람'입니다. 이런 사람이 칭찬 받아야 합니다. 성경의 많은 선진, 위인들이 칭찬 받은 이유는 한결같습니다. 그분들이 예수 그리스도의 복음을 증거했기 때문입니다. 사도행전의 큰 축을 담당하는 베드로와 바울도 마찬가지입니다. 바울은 사도행전 20장 22~24절에서 다음과 같이 고백합니다.

> "보라 이제 나는 성령에 매여 예루살렘으로 가는데 거기서 무슨 일을 당할는지 알지 못하노라 오직 성령이 각 성에서 내게 증언하여 결박과 환난이 나를 기다린다 하시나 내가 달려갈 길과 주 예수께 받은 사명 곧 하나님의 은혜의 복음을 증언하는 일을 마치려 함에는 나의 생명조차 조금도 귀한 것으로 여기지 아니하노라"(행 20:22~24)

사도 바울이 '칭찬 받는 사도'로 세움 받을 수 있었던 것은 그가 드린 고백에 있습니다. "내가 달려갈 길과 주 예수께 받은 사명 곧 하나님의 은혜의 복음을 증언하는 일"(행 20:24). 그런데 이 구절을 자세히 살펴보면, 사도 바울이 주님의 복음을 증언한 사명은 '증거하다', μαρτυρέω (말튀레오)와 '증인', μάρτυς (말튀스) 이상의 의미를 내포하고 있습니다. 바울은 단순히 '주님의 복음을 증언한다.'고 말씀하지 않습니다. "결박과 환난이 기다린다" 할지라도, 그리고 "나의-바울의- 생명조차 조금도 귀한 것으로 여기지 아니하면서까지" 복음을 증거하겠다고 다짐합니다. 이런 바울의 모습을 '순교'라고 합니다. 바울은 자신의 각오대로 '순교자'로서 자신의 사명을 마쳤습니다. 영어로 '순교자'를 martyr라고 표현합니다. 이 단어의 어원이 바로 헬라어 μάρτυς (말튀스)입니다. 앞서 μάρτυς (말튀스)는 '증거하는 자 -증인'이라고 했습니다. '순교자'의 의미가 바로 '증인'에서 유래했습니다. 예수 그리스도의 복음을 증거하는데, 그 증거의 사명을 사역의 종착역이 될 수도 있는 '죽음', 곧 '순교'까지도 각오하면서 감당하는 사람이 '순교자'입니다.

　　바울은 '증거자'를 넘어 '순교자'의 자리까지 나아갔습니다. 바울뿐만이 아닙니다. 주님의 제자들, 그리고 많은 신앙의 선진들이 '죽음', '순교'로 예수 그리스도께서 주신 사명을 좇았습니다. 그리고 "칭찬 받는" 성도가 되었습니다. 우리는 늘 주님께 칭찬 받는 성도가 되고 싶다고 기도드립니다. 증거의 종착역까지 각오하며 복음을 증거하는 순도 높은 성도가 된다면 가능합니다. 물론 오늘날은 꼭 목숨의 순교만을 요구하지는 않습니다. 때로는 내려놓을 수 없는 나의 것을 내려놓고, 주님의 뜻을 드는 것이 '작은 순교'일 수 있습니다. 이런 성도가 "칭찬 받는" 성도입니다.

증언(증언하다)

"사도들이 큰 권능으로 주 예수의 부활을 **증언하니** 무리가 큰 은혜를 받아" (행 4:33)

ἀπεδίδουν τὸ μαρτύριον(아페디둔 토 말튀리온)

앞 장에서 '증언하다', '증거하다'의 의미를 살펴보았습니다. 증거하는 성도가 칭찬 받는 성도입니다. 앞 장에서는 '증언하다'를 동사적 개념으로 살펴보았습니다. 우리가 잘 알듯이 동사, 곧 증언의 행위 못지않게, 증언의 내용 역시 중요합니다. 이것은 증언의 명사적 개념입니다. 그러므로 칭찬 받는 성도는 그가 증언하는 내용, 복음의 순전성을 간과해서는 안 됩니다. 자칫 '증언의 행위'에 매몰되어 '증언의 내용'을 소홀하게 다루었다가는 '방향 없는 열심', 곧 성경이 말씀하는 사람의 열심(마 7:21~23), 사람의 계명(사 29:13)으로 미혹되기 쉽습니다. 이렇게 복음 증거 사역에 그 내용까지도 함께 고려해야 함을 잘 보여 주는 표현이 있습니다.

"사도들이 큰 권능으로 주 예수의 부활을 **증언하니** 무리가 큰 은혜를 받아" (행 4:33)

본문에 기록된 "증언하니"라는 표현은 '증언하다'는 하나의 동사만으로 이루어진 표현이 아닙니다. 헬라어 원문은 이 표현을 동사와 명사(목적어)로 이루어진 구로 표현합니다. 하나의 단어로 표현할 수 있는 것을 굳이 두 개의 단어를 사용하여 구로 표현하였다면, 반드시 그럴만한 이유가 있습니다. 사도행전 4장 33절에 기록된 "증언하니"의 헬라어 원문은 ἀπεδίδουν τὸ μαρτύριον(아페디둔 토 말튀리온)입니다. '돌려주다'는 의미를 가진 동사, ἀποδίδωμι(아포디도미)와 '증거, 증인'을 의미하는 명사, μαρτύριον(말튀리온)으로 기록되었습니다. 직역으로는 '증거, 증언을 돌려주다'입니다.

'증언하다'는 의미를 가진 동사, μαρτυρέω(말튀레오)로 표현하면 간단하게 처리할 수 있는데도, 목적어 '증거를'을 추가하였습니다. 이것은 '돌려주다'는 증거의 행위뿐 아니라, '증거를'이라고 하는 증거의 내용을 강조하는 것입니다. 자칫 증거의 행위, 증거한다는 열심과 수고에 매몰되어 목적(내용) 없는 증인이 될 수도 있다는 위험성을 경계합니다. 사도행전의 저자, 누가는 증언의 행위만 바라보기 쉬운 근시안적인 우리에게 이와 함께 증언의 내용도 중요하니, 함께 고려해야 한다고 강조합니다. 예수 그리스도를 위한 우리의 사명, 복음 증거의 사명은 증거의 내용, 곧 순전한 그리스도의 복음에도 초점이 맞춰져야 합니다.

본문은 '증언의 내용'이 중요하다고 했습니다. 그렇다면 본문이 말씀하는 그 내용은 무엇일까요? 본문에 기록된 대로 "주 예수의 부활"입니다. 사도들은 "주 예수의 부활"을 증거하였습니다. 이것은 사도들이 목격한, 경험한 사건입니다. 사도들의 입장에서 보면 말입니다. 그러나 예수 그리스도의 입장에서 본다면, '부활'은 예수님께서 제자들에게 보여 주신 사건입니다. 이렇게 보면, 사도들이 증거한 것은 그들의 경험과 목격이기는 하지만, 그들의 것이 아니라, 예수 그리스도의 것입니다. 그러므로 사도들은 주님께로부터 받은 부활사건을 증언의 내용으로 삼고 이것을 세상에 돌려주고(ἀποδίδωμι-아포디도미) 있습니다.

증언하는 사람은 자기 것으로 증언해서는 안 됩니다. 그리고 열심만으로도 안 됩니다. 우리가 감당해야 할 증언 중 하나는 주님께서 주신 복음, 곧 본문이 말씀하는 '예수 그리스도께서 십자가에서 죽으셨다가 사흘 만에 사망의 권세를 깨고 다시 살아나셨다.'는 부활의 진리입니다. 이 증언의 내용이 먼저 우리에게 있어야 합니다. 이때 비로소 증인이 될 수 있습니다.

신앙의 단계

성도의 믿음의 수준을 나타내는 신앙의 단계는 교회 안에서 일반적으로 불리는 직분의 단계와는 반드시 같지는 않습니다. 만일 직분의 단계를 신앙의 단계와 일치하는 것으로 생각하고, 이를 기반으로 판단한다면 여러 가지 곤란한 일들이 일어납니다. 서로의 단계가 조화롭게 어울릴 때, 보다 성숙한 성도, 교회가 세워집니다. 신앙의 단계는 크게는 네 단계, 그 중 마지막 단계를 각각 두 개의 단계로 세분해서 살펴보면, 다섯 단계로 볼 수 있습니다.

신앙의 첫 번째는 "무리"의 단계입니다. 이것은 예수님을 따르는 단계입니다. 사복음서를 보면 주님을 따르는 많은 무리들이 있습니다. 그들은 주님의 천국복음과 가르침을 듣기도 하고, 병 고침 받는 기적의 주인공이 되기도 합니다. 물론 주님을 떠나버리기도 합니다. 주님과 처음으로 관계를 시작하는 단계입니다. 무리의 단계는 그들이 어떤 모습으로 주님과 관계를 맺느냐 따라 두 모습으로 나뉩니다. 그 기준은 '지속성'과 '일회성'입니다. 주님의 교훈과 가르침, 그리고 병 고쳐주시는 기적의 역사를 일회적인 참여로 마감해 버리는, 그래서 신앙의 다음 단계로 성숙하지 못하는 사람들은 단순한 무리의 단계에 그치고 맙니다.

누가복음 17장 11~19절에 나오는 아홉 명의 나병환자들이 대표적입니다. 주님께 병 고침 받은 감격과 기쁨이 일회성으로 그쳤습니다.

그러나 주님과의 관계를 지속적으로 유지하는 사람도 있습니다. 그들은 주님과의 만남이 우연이 아니라 주님의 사랑으로 인한 필연이었음을 깨닫습니다. 그리고 주님께서 자신을 찾아오신 방문하심에 감사하며 입으로 고백합니다. 누가복음 17장 11~19절, 나병의 고침을 받고 돌아와 주님께 감사드리는 사마리아 사람입니다. 그는 주님을 그리스도로 고백하고 주님을 따르는 거룩한 무리, 성도가 되었을 것입니다. 성도는 헬라어로 ἅγιος(하기오스)입니다. 이 말은 형용사로는 '거룩한'을 의미하고, 명사로는 '거룩한 자 –성도'를 의미합니다. '거룩'의 개념은 '분리', '구별'의 의미를 가집니다. 성도는 지금까지 살아온 세상의 길을 버리고, 세상과 분리하여 주님과의 지속적인 만남을 추구하는, 주님의 길과 세상의 길을 구별하는 무리입니다. 성도는 무리의 단계를 넘어서는 신앙의 두 번째 단계입니다.

주님과의 첫 만남을 지속적인 만남으로 이어가는 성도가 되겠다는 것은 지금까지 살아온 세상의 길을 버리고 주님께서 주신 복음과 교훈을 배우는 자가 되겠다는 결단입니다. 이렇게 거룩한 무리가 된 성도는 '주님의 길을 배우는 자', 곧 신앙의 세 번째 단계인 '제자'로 나아갑니다. 제자는 μαθητής(마쎄태스)입니다. 이 명사는 '배우다'를 의미하는 동사, μανθάνω(만싸노)에서 왔습니다. 그러므로 제자는 '배우는 자'입니다. 예수님을 따르는 성도가 되기로 결심하였다면, 힘써 주님을 배우는 제자의 단계로 나아가야 합니다.

신앙의 네 번째 단계는 '사도'의 단계입니다. 예수님께서는 제자들을 데리고 다니며 훈련시키고, 가르치셨습니다. 그리고 그들에게 사도라는 사명을 주어 파송하셨습니다. 주님께서 제자들을 가르치신 목적입니다. 이렇게 주님의 사명을 받아 파송 받는, 보냄을 받는 사람들을 사도라고 합니다. 헬라어 표현으로는 ἀπόστολος(아포스톨로스)입니다. 이 말은 '~로부터'를 의미하는 ἀπό(아포)와 '보내다'를 의미하는 동사, στέλλω(스텔로)에서 파생한 명사형 στολος(스톨로스)가 합성된 단어로서, '보냄을 받은 자'를 의미합니다. 주님께서 가르쳐 주신 복음과 교훈을 가지고 전도의 사명으로 보냄 받은 자가 사도입니다. 그러므로 '제자'는 '배우는 자, 훈련받는 자'이며, '사도'는 '일하는 자−사명자'입니다.

한 가지 더 살펴보아야 할 것은 '사도'란 의미를 표현하기 위해서 사용된 '~로부터'를 의미하는 ἀπό(아포)입니다. 사도가 '보냄을 받은 자'이지만, ἀπό(아포), 즉 '누구로부터' 보냄을 받았는가도 중요합니다. 이는 '사도의 기원', 즉 '누구로부터 배우고 보냄을 받았는가?'를 나타냅니다. 오직 한 분 예수 그리스도께로부터 배우고, 전도의 사명을 받아 보냄을 받은 자, 이런 분이 사도입니다. 주님을 배우고 익히는 제자의 자리를 지나 사도의 자리까지 세워질 수 있다면 큰 영광입니다.

신앙의 마지막 단계는 '순교자'입니다. 사도로서의 사명을 감당함에 있어 목숨까지도 아끼지 않고, 주님께서 주신 사명을 위해 달려가는 분이 사도입니다. 주님의 복음과 교훈을 위해 순교하는 이런 순교자가 많아질수록 복음은 순도가 높아집니다. 이로 인해 교회는 능력의 빛을 발휘합니다. 사도와 순교자의 자리에 서는 것이 쉽지 않습니다. 그러나 여기까지 세워지고자 결단한다면, 이후의 일은 주님께서 인도해 주시리라 믿습니다. 주님의 능력의 백성으로 세워질 수 있기를 기도합니다.

돌봄

"나이 사십이 되매 그 형제 이스라엘 자손을 **돌볼** 생각이 나더니"(행 7:23)

ἐπισκέψασθαι(에피스켚사스싸이), 기본형-ἐπισκέπτομαι(에피스켚토마이)

본문의 표현 "돌볼", "돌보다"의 의미는 헬라어 단어 ἐπισκέπτομαι (에피스켚토마이)를 통해서 살펴볼 수 있습니다. 동사 σκέπτομαι(스켚토마이)와 σκοπέω(스코페오)는 '돌보다'를 의미합니다. 그런데 여기에 전치사 ἐπί(에피)를 추가했습니다. 전치사 ἐπί(에피)는 기본적으로 영어 전치사 'on'의 의미로서, '~위에'의 의미를 가집니다. 그러므로 여기서는 '돌보는' 대상에 대하여 '초점을 맞추어(focus on)', 곧 '세밀하게', '자세하게' 돌본다는 의미입니다. 강조의 표현입니다.

그러므로 이 단어는 '자기 자신의 눈으로 직접 보고 살핀 후, 가능하면 돕기 위하여 자신이 직접 보러 가는 것(방문)'을 의미합니다. 성경 속에서 하나님께서 이스라엘 백성을 방문하실 때, 하나님께서는 언제나 자기 백성의 사정과 상황을 살피셨고, 그 사정에 따라 적절한 도움의 손길, 구원의 손길을 허락해 주셨습니다. 바로 이것이 하나님의 방문, 돌아보심의 목적입니다. 사도행전 7장 34절은 하나님의 이러한 방문을 또 다른 표현으로 나타냅니다.

"내 백성이 애굽에서 괴로움 받음을 내가 **확실히 보고**…"(행 7:34)

"확실히 보고"는 헬라어 원문으로 ἰδὼν εἶδον(이돈 에이돈)입니다. ἰδὼν(이돈)과 εἶδον(에이돈)은 모두 '보다'는 의미를 표현하는 동사에서 파생되었습니다. 본문은 '보다'는 동사를 연이어서 두 번이나 기록하였습니다. '두 번'이라는 횟수는 강조를 의미합니다. 저자는 하나님께서 자기 백성의 괴로움을 한 번이 아니라, 두 번 보셨다고 강조합니다. 하나님께서는 직접 오셔서 자기 백성의 괴로움을 두 번씩이나 보셨고, 그 탄식하는 소리를 직접 들으셨습니다. 하나님께서 확실히 보셨습니다.

이 모든 하나님의 방문하심의 목적은 "그들을 구원"하시기 위해서입니다. 그래서 "내가 너를-모세를 애굽으로 보내리라"고 말씀하십니다. 이스라엘 백성을 구원하실 길을 예비하셨습니다. 사도행전 7장 34절은 ἐπισκέπτομαι(에피스켑토마이), '자기 자신의 눈으로 직접 보고 살핀 후, 가능하면 돕기 위하여 자신이 직접 보러 가는 것(방문)'의 의미를 잘 보여 주는 좋은 구절입니다.

누가는 이러한 하나님의 살피심을 나타내는 단어 ἐπισκέπτομαι(에피스켑토마이)를 사도행전 7장 23절, 모세가 자기 형제를 찾아가는 장면에서 사용하였습니다. 적어도 사도행전의 저자 누가의 의도에서 보면, 모세는 이스라엘 백성, 자신의 형제들이 애굽 사람들에게 압제 당하는 것을 우연하게 목격한 것이 아니라, 그들이 당하는 고역을 살펴보고, 도움을 제공하기 위하여 의도적으로 방문한 것입니다. 헬라어 동사 ἐπισκέπτομαι(에피스켙토마이)를 통해 우리는 자기 동족이 어떤 대우를 받으며 어떤 고생을 하고 있는지 자세히 살펴보고자 했던, 그리고 그 해결의 길을 모색하기 위해 고민하고 애썼던 모세의 귀하고 아름다운 마음까지도 읽을 수 있습니다.

비록 살인자라는 죄인의 몸으로 광야로 도망가야 했지만, 자기 백성의 사정을 살피고 도움을 주고자 애태웠던 모세의 이런 자세, 이런 모습을 하나님께서 보셨습니다. 그리고 그를 히브리민족의 지도자로 선택하셨습니다. 오늘날 우리에게 맡겨진 직분을 이런 마음, 이런 모습, ἐπισκέπτομαι(에피스켙토마이)의 방문과 돌보는 마음으로 살핀다면, 우리도 주님께 쓰임 받게 됩니다. 하나님께서는 이런 성도를 찾으십니다. 하나님께서 원하시는 직분자의 이런 모습은 잠언 27장 23절에서 볼 수 있습니다.

"네 양 떼의 형편을 부지런히 살피며 네 소 떼에게 마음을 두라"

교제

κοινωνία(코이노니아), κοινόω(코이노오, 평범하게 만들다)

κοινωνία(코이노니아)로 표현되는 '교제'는 교회 안에서 많이 사용하는 표현 중 하나입니다. 그렇다면, '교제'란 어떤 의미를 가지고 있을까요? κοινωνία(코이노니아)의 어원은 κοινός(코이노스)입니다. 이 단어는 '동일한', '같은'을 의미합니다. 여기서 파생된 명사로 κοινωνός(코이노스)가 있습니다. 이 단어는 '동일한, 같은 관심을 가진 사람', 즉 '동역자'를 의미합니다. 바로 이 단어들에서 우리가 자주 사용하는 κοινωνία(코이노니아)가 유래했습니다. 이 단어의 사전적인 뜻은 '교제'이지만, '동일한, 같은 관심을 가진 사람들이 나누는 모임으로서의 친교'를 의미합니다. '교제'란 바로 이런 성격으로 나누는 모임, 혹은 시간을 말합니다.

κοινωνία(코이노니아)의 이런 의미를 간과한 채, '교제'를 표면적인 개념으로 이해하여 서로가 만나서 이야기를 나누고, 시간을 함께 하는 것으로 간주한다면, 그것은 본질에서 벗어난 교제가 되기 쉽습니다. 청년부 예배를 마치고 '교제'라는 이름으로 여러 곳에서 시간을 나눕니다. 회원 모두가 모일 수 있게 하기 위하여 애를 쓰다 보니 신앙적인 관심

사를 벗어나 모임을 가질 때가 있습니다. 그러나 $\kappa o\iota\nu\omega\nu\acute{\iota}\alpha$(코이노니아)의 공통적인 주제란 이와 같이, 그 구성원들의 기호에 맞는 공통의 주제를 의미하지 않습니다. 공통의 주제는 모임의 성격, 우리 부서가 존재하는 이유입니다. 신앙적인 관심사, 신앙적인 주제를 의미합니다. 이런 관심사로 모여서 함께 나누는 시간이 교제입니다.

'동일한, 같은'을 의미하는 $\kappa o\iota\nu\acute{o}\varsigma$(코이노스)에서 파생한 동사로 $\kappa o\iota\nu\acute{o}\omega$(코이노오)라는 단어가 있습니다. 이 동사의 의미는 '동일하게 하다', '같게 하다', 즉 '평범하게 만들다'는 의미를 가지고 있습니다. 사도행전 21장 28절에 바로 이 동사가 사용되었습니다.

> "외치되 이스라엘 사람들아 도우라 이 사람은 각처에서 우리 백성과 율법과 이 곳을 비방하여 모든 사람을 가르치는 그 자인데 또 헬라인을 데리고 성전에 들어가서 이 거룩한 곳을 더럽혔다 하니"(행 21:28)

본문을 보면, '평범하게 만들다'는 의미를 가진 동사 $\kappa o\iota\nu\acute{o}\omega$(코이노오)를 번역했으리라고 짐작되는 표현이 보이지 않습니다. 본문에서 동사로서 $\kappa o\iota\nu\acute{o}\omega$(코이노오)와 연결된 것으로 보이는 동사는 "더럽혔다"밖에 없습니다. '더럽히다'는 동사는 $\mu\iota\alpha\acute{\iota}\nu\omega$(미아이노)입니다. 그러나 본문에서는 이러한 의미를 $\kappa o\iota\nu\acute{o}\omega$(코이노오)로 기록하고 있습니다. 그렇기에 본문의 표현, "더럽혔다"와 원문의 동사 $\kappa o\iota\nu\acute{o}\omega$(코이노오)를 연결해서 살펴보아야 합니다.

사도행전 21장 28절 이전의 내용은 다음과 같습니다. 27절, 사도 바울은 예루살렘에 도착합니다. 그리고 성전을 찾았다가 아시아로부터 성전을 찾아 온 유대인들에게 그만 붙잡히고 맙니다. 드디어 바울을 붙잡은 유대인들은 28절에서 바울을 향해 두 가지를 고소합니다. 먼저, 바울을 "이 사람은 각처에서 우리 백성과 율법과 이곳을 비방하여 모든 사람을 가르치는 자"라고 고소합니다. 주변에 있는 무리들을 선동하기 위하여 바울을 비방합니다.

바울은 결코 유대인과 율법, 그리고 성전을 비방하지 않았습니다. 바울의 전도의 특징 중 하나는 '회당전도'입니다. 바울은 새로운 전도지에 도착하면, 어김없이 제일 먼저 유대인의 회당을 찾았습니다. 비시디아 안디옥에서 전도할 때(행 13:14), 이고니온에서(행 14:1), 데살로니가에서 (행 17:1), 베뢰아에서(행 17:10), 그리고 고린도에서(행 18:4) 전도할 때 바울은 제일 먼저 유대인의 회당을 찾았고, 또 안식일마다 유대인의 회당을 찾아 전도했습니다.

그런데 앞에서 언급한 성경구절들을 전후로 조금만 더 자세히 살펴보면, 바울이 전도 사역 중에 겪은 그 모진 고난의 대부분이 바로 유대인의 회당에서 비롯되었음을 알 수 있습니다. 수없이 많은 고난과 고통을 유대인의 회당을 통해서 겪었습니다. 만일 저들의 첫 번째 고소대로, 만일 바울이 저들을 미워하고, 비방했다면 바울이 자신에게 그런 고난과 고통을 안겨다 주는 근원지인 유대인의 회당을 찾아갈까요? 그러나 바울은 어김없이 유대인의 회당을 찾아갑니다. 이런 바울이 유대인을 미워하고 비방했다는 것은 오히려 유대인의 비방일 뿐입니다.

사도행전 21장 28절의 후반부, "(이 사람은) … 헬라인을 데리고 성전에 들어가서 이 거룩한 곳을 더럽혔다"는 표현은 유대인들이 바울을 참소하는 두 번째 고소입니다. 그러나 29절, "이는 그들이 전에 에베소 사람 드로비모가 바울과 함께 시내에 있음을 보고 바울이 그를 성전에 데리고 들어간 줄로 생각함이러라"의 내용과 연결 지어 보면, 이 고소도 거짓입니다. 그러나 바울을 참소하고 죽이기 원하는 유대인들에게는 더 없이 좋은 핑계거리입니다. 저들은 바울이 드로비모를 데리고 성전에 들어간 것을 "성전을 더럽혔다"고 주장합니다.

저들의 주장대로라면, 바울이 헬라인 드로비모에게 성전을 개방하여 평범하게 만든 것(κοινόω-코이노오, '평범하게 만들다')이 성전을 더럽힌 것입니다. 오늘날 교회에도 이와 비슷한 일이 있지는 않을까요? 하나님을 믿기 원하여 찾아오는 사람들이 있습니다. 그러나 기존 성도들은 그에게 여러 가지 흠이 있다는 이유로 그가 교회에 들어오는 것이 교회를 더럽히는 것이라고 여기곤 합니다. 하나님의 뜻에 반하는 생각입니다. 창세기 1장 22절, 28절, 마태복음 28장 19절, 사도행전 1장 8절에 나타난 하나님의 뜻은 세상 모든 사람을 하나님의 백성 삼으시는 것입니다. 베드로도 처음에는 저들과 같았습니다.

> "베드로가 이르되 주여 그럴 수 없나이다 속되고 깨끗하지 아니한 것을 내가 결코 먹지 아니하였나이다"(행 10:14)

환상 중에, 하나님께서 잡아먹으라고 주신 짐승들을 베드로는 "속되고", 곧 '속된 것'이라며 거절했습니다. 베드로가 거절한 이유, "속되고"에 사용된 단어가 바로 κοινόν(코이논, 기본형-κοινός, 코이노스)입니다. 베드로도 '평범한' 것을 '속된 것', "깨끗하지 아니한 것"으로 간주했습니다. 하나님께서는 베드로의 이런 잘못을 수정해 주셨습니다. 그래서 베드로는 이방인 고넬료의 집을 방문할 수 있었습니다.

사실은 바울보다 베드로가 먼저 이방선교의 문을 열었습니다. 하나님께서는 베드로에게 이방 선교의 문을 열게 하셨습니다. 그리고 그 문으로 바울을 들여보내셨습니다. 만일 바울이 이방선교의 문을 두드렸다면,

그는 그 문을 열지 못한 채, 정죄당하고 말았을 것입니다. 그리고 이방 선교의 문은 그 뒤로 아주 오랫동안 금기의 문이 되고 말았겠죠. 이 부분은 뒤에, "시몬이라 하는 무두장이의 집에 머문 베드로"와 "시몬이라 하는 무두장이의 집에서 기도한 베드로"라는 설교를 통해 풀어보겠습니다.

하나님의 구원의 은혜와 예수 그리스도의 복음은 세상 모든 사람에게 선행하는 은총으로 주어진 평범한 진리입니다. 이러한 진리를 모른 채, 자신만의 전유물로 삼아버리고는 하나님의 은혜를 개방하기를 거부한다면, 사실은 그가 복음을 더러운 것, 속된 것으로 만드는 것입니다. 이런 사람이 복음과 예수 그리스도를 개방하지 않고, 밀폐시켜서 μιαίνω(미아이노), 즉 부패하게 합니다. 예수 그리스도의 복음은 세상 모든 사람들에게 흘러가야 합니다. 이것이 에스겔 47장의 '성전에서 나오는 물'이며, 이 물은 "이르는 곳마다 모든 생물이" 살게 하는 생명과 회복의 역사를 일으킵니다(겔 47:9). 하나님의 말씀, 성전, 오늘 우리 교회는 κοινόω(코이노오)되어야 합니다.

이단

선택의 중요성

"우리가 보니 이 사람은 전염병 같은 자라 천하에 흩어진 유대인을 다 소요하게 하는 자요 나사렛 **이단**의 우두머리라" (행 24:5)

αἵρεσις(하이레시스), 동사-αἵρεομαι(하이레오마이)

사도행전 24장 5절을 보면, 대제사장 아나니아와 장로들의 변호를 맡은 변호사 더둘로는 총독 벨릭스 앞에서 바울을 "나사렛 이단의 우두머리"라고 고소합니다. 저들의 입장에서 바울은 "나사렛 이단의 우두머리"입니다. 바울은 한때, 유대교에 열심 있던 유능한 청년이었습니다. 스데반을 돌로 쳐 죽이는 무리들의 옷을 지키기도 했습니다(행 7:58). 대제사장에게 가서 다메섹 여러 회당에 가져갈 공문을 청하여 예수를 따르는 사람을 결박하여 예루살렘으로 잡아 오려고 했습니다.(행 9:1~2)

이렇게 유대교에 열심을 가졌던 바울이 어느 날 갑자가 변화되었습니다. 다메섹으로 가다가 예수님을 만나고, 그분이 자신이 핍박하는 예수임을 안 바울은 지금까지 살아온 자신의 길과 삶을 바꿉니다. 자신이 선택했던 유대교의 길, 확신과 신념에 차 열성으로 좇던 유대교의 길을 포기합니다. 그리고 예수 그리스도의 길을 선택하고 붙잡습니다. 바울의 이런 모습을 두고 바울을 "나사렛 이단의 괴수"라고 고소합니다.

이 부분을 두 부분으로 나누어 생각하면 다음과 같습니다. 바울이 유대교의 길을 버리고 나사렛 예수의 길을 선택한 것은 그들에게 "나사렛 이단"이었습니다. 그리고 바울이 옛길을 버리고 새롭게 선택한 이 길을 그 누구보다도 열성으로, 이전에 유대교인으로서 보였던 열심보다 더 큰 열심으로 따르는 모습은 "괴수"와 같았습니다. 저들의 눈에 비친 바울은 "나사렛 이단의 괴수"였습니다.

"이단"을 의미하는 헬라어 명사 αἵρεσις(하이레시스)는 동사 αἱρέομαι (하이레오마이)에서 파생했습니다. 이 동사의 의미는 '취하다', '선택하다'를 의미합니다. 여기에서 조금 더 진전된 의미로 '붙잡다', '추구하다'는 의미를 가지며, 사견이기는 하지만, '붙잡다', '추구하다'는 의미는 '고집하다'의 의미로도 생각할 수 있습니다. 영어로는 'to select', '선택하다'의 의미입니다. 여기서 '이단'을 의미하는 영어 'heresy'가 유래했습니다.

이단이 의미하는 기초적인 개념은 '선택하다'입니다. 즉 여러 가지 길 가운데 예수 그리스도의 길을 선택하지 못하고 사람의 길, 세상의 길, 때로는 미혹의 길을 선택한 사람이 이단입니다. '고집하다'의 의미까지 확장하여 이단의 의미를 생각하면, '잘못 선택하여 예수 그리스도의 길을 벗어난 사람, 그리고 그 벗어난 길이 오히려 진리라고 고집하는 어리석은 사람'이 이단입니다. 이러한 이단의 의미를 잘 드러내는 표현이 사도행전 5장 7절에 나옵니다.

> "대제사장과 그와 함께 있는 사람 즉 사두개인의 **당파**가 다 마음에 시기가 가득하여 일어나서"(행 5:17)

본문은 사두개인의 무리를 "당파"라고 표현하고 있습니다. 여기서

"당파"는 헬라어로 '이단'을 의미하는 αἵρεσις(하이레시스)와 동일한 표현입니다. 당파는 이단입니다. "당파"라고 하는 것이 무엇입니까? '동일한 가치, 이상을 선택한 사람들의 무리'입니다. 사두개파가 지향하는 이념과 가치를 선택한 사람들이 "사두개인의 당파"입니다. 예수 그리스도의 길을 선택하지 못하고 사람의 길, 사람의 계명(사 29:13)을 선택한 사람입니다. 뿐만 아니라, 자신들의 선택이 잘못 되었음을 어느 정도 인정하면서도, 여전히 고집을 부리는 사람들입니다. 대제사장과 그 무리들이 고집을 부리는 장면은 사도행전 7장 54절을 통해 살펴볼 수 있습니다.

"그들이 이 말을 듣고 **마음에 찔려** 그를 향하여 이를 갈거늘"(행 7:54)

스데반의 설교를 들은 대제사장과 그 무리들은 마음에 찔렸습니다. "마음에 찔려"(διεπρίοντο ταῖς καρδίαις αὐτῶν-디에프리온토 타이스 카르디아이스 아우톤)의 의미는 '톱으로 켜다'를 의미하는 동사 πρίω(프리오)와 '둘'을 의미하는 διά(디아)를 합성한 동사 διαπρίω(디아프리오)로서, '마음속이 완전히 드러나도록 파헤치다'를 의미합니다. 스데반의 설교를 통해 마음이 찔림으로 자신들이 선택한 것이 잘못된 길임을 알 수 있었습니다. 그러나 저들은 스데반의 설교, 하나님의 말씀에 귀를 기울이지 않고 "큰 소리를 지르며 귀를 막고"(행 7:57) 있습니다. '고집을 부리며' 스데반에게 돌을 던졌습니다.

신앙생활에 있어서 '선택'의 문제는 참으로 중요합니다. 선택하는 것에 따라서 길이 정해집니다. 최초의 사람 하와는 뱀의 미혹을 받아 그 말을 사실로 선택하였습니다. 이 선택으로 아담과 하와에게 다가온 결과는 하와가 최초에 그렸던 모습과는 정반대입니다. 예수님께서 마태복음 24장 4절에 "사람의 미혹을 받지 않도록 주의하라"고 말씀하십니다. 사람의 미혹을 받아 잘못된 길을 선택하여 그릇된 길로 가지 말라는 것입니다. "사람의 미혹"을 받지 않기 위해서는 분별력 있는 성도가 되어야 합니다. 이 분별력으로 이단의 길이 아니라, 예수 그리스도의 길을 선택하고, 붙잡아 고집해야 합니다.

성경을 상고하더라

"베뢰아에 있는 사람들은 데살로니가에 있는 사람들보다 더 너그러워서 간절한 마음으로 말씀을 받고 이것이 그러한가 하여 날마다 성경을 **상고하므로**" (행 17:11)

$\dot{\alpha}\nu\alpha\kappa\rho\acute{\iota}\nu o\nu\tau\epsilon\varsigma$ $\tau\grave{\alpha}\varsigma$ $\gamma\rho\alpha\phi\grave{\alpha}\varsigma$(아나크리논테스 타스 그라파스), 기본형-$\dot{\alpha}\nu\alpha\kappa\rho\acute{\iota}\nu\omega$(아나크리노)

주님께서 말씀하신 대로 많은 교훈과 길 사이에서 미혹 받지 않기 위해서는 예수 그리스도의 길, 주님의 말씀을 선택해 내야 합니다. 그러나 그 많은 길들 중에서 주님의 말씀과 다른 것을 분별하여 선택해 내기란 쉽지 않습니다. 예수님께서는 '들을 귀 있는 자', '보는 눈이 있는 자'가 복되다고 말씀하셨습니다. 예수 그리스도의 진리를 들을 수 있는 귀, 볼 수 있는 눈이 성도를 이단의 길, 미혹의 길에서 벗어나게 하기에 복된 길입니다. 그렇다면, 이런 복된 귀와 눈을 어디서 얻을 수 있을까요? 신앙인이 복된 귀와 눈을 얻을 수 있는 곳은 하나님의 말씀입니다. 성경입니다.

하나님의 말씀 속에서 복된 귀와 눈을 얻기 위해서는 어느 정도로 성경을 보아야 할까요? 신앙인이 성경을 대하는 태도에 대해서는 사도행전 17장 11절이 말씀해 줍니다. 데살로니가에서 전도하던 바울은 세 안식일, 스무날 정도 만에 밤을 틈타 도망쳐야만 했습니다(행 17:10). 베뢰아에 도착한 바울은 어김없이 유대인의 회당에 들어가 전도합니다. 다행히 그들은 데살로니가 사람들보다 더 너그러웠고, 말씀도 간절한 마음으로 받았습니다. 뿐만 아니라, 그들은 바울이 전하는 말씀이 정말 그런지를 알아보기 위해서 "날마다 성경을 상고"했습니다.

그렇다면, 그들은 어느 정도로 성경을 공부했을까요? 이에 대한 해답은 "상고하므로"로 번역된 헬라어 동사를 살펴보면 알 수 있습니다. 이 동사는 $\dot{\alpha}\nu\alpha\kappa\rho\acute{\iota}\nu\omega$(아나크리노)입니다. 사도행전의 저자 누가는 사도 바울이 증언하는 복음을 듣던 그들의 성경공부에 대한 열심의 정도를 이 단어에 담고 있습니다. 이 동사는 '위에, 거듭'의 의미를 가진 전치사 $\dot{\alpha}\nu\alpha$(아나)와 '심문하다', '심판하다', '설명을 요구하다'는 의미의 동사 $\kappa\rho\acute{\iota}\nu\omega$(크리노)가 합쳐진 동사로서, '체를 위 아래로 쳐서 걸러내다'라는 기본적인 의미와 체를 위 아래로 쳐서 무엇인가를 걸러내는 것과 같이 '면밀하고도 정확한 조사를 하다'는 의미를 가집니다.

또한 $\kappa\rho\acute{\iota}\nu\omega$(크리노)는 그 의미가 말해 주듯 법정에서 사용되는 용어입니다. 특별히 법정에서 죄수의 죄를 가릴 때, 혹은 억울한 사람을 변호할 때, 조목조목 밝히고 따지는 모습을 담고 있는 단어입니다. 이러한 목적으로 법정에서 사용되었다면, 그 조사와 심문의 과정이 얼마나 빈틈없이 철저했겠습니까! 바울의 복음을 듣고 "이것이 그러한가" 하며 철저하게 검증하며 성경 공부하는 저들의 모습을 표현하기에 가장 적절한 단어입니다.

그들은 단순히 성경을 읽는 정도가 아니라, 치밀하게 하나하나 꼼꼼히 짚어가면서 성경을 보고, 공부했습니다. 이런 사람들을 보면서, 오늘 우리의 성경을 대하는 자세와 성경공부의 태도를 다시 한 번 생각해 보게 됩니다. 이런 모습으로 성경을 대하고, 성경공부를 할 때, 무엇이 하나님께서 원하시는 뜻이고, 무엇이 하나님의 뜻과 다른 사람의 뜻, 사람의 계명인지를 분별할 수 있습니다. 또한 동일한 하나님의 뜻이라 할지라도, 더 깊은 하나님의 마음을 헤아릴 수 있습니다.

말씀 없이 열정만 가지고 신앙생활 할 수 없습니다. 그 열정이란 것이 사람의 감정에서 나오는 것일 때, 나도 모르게 금방 식어버립니다. 하나님께서 기뻐하시는 신앙의 길을 걸어야 합니다. 이 길이 바로 성경 안에 있습니다. "성경을 상고"하는 자세로 공부한다면, 온전한 하나님의 뜻을 발견하게 되고, 보다 더 깊은 하나님의 마음을 헤아리게 되어 성숙한 신앙인으로 세워지게 됩니다.

바울

"**바울**이라고 하는 사울이 성령이 충만하여 그를 주목하고" (행 13:9)

Παῦλος(파울로스)

우리가 잘 알고 있는 대로 이방인의 사도인 바울의 원래 이름은 사울입니다. 사도행전 13장 9절 이하로 '사울'이라는 이름은 사라지고 '바울'이라는 이름이 등장합니다. 성경에 소개된 경우들을 보면, 하나님께서, 그리고 예수님께서 사람들의 이름을 개명해 주십니다. 아브람은 아브라함으로, 사래는 사라로, 야곱은 이스라엘로, 그리고 시몬은 베드로로 개명해 주셨습니다.

그러나 사도 바울의 경우에서는 이러한 개명의 과정이 보이지 않습니다. 어쩌면, 사울 스스로가 자신의 이름을 바울로 바꾼 것일지도 모릅니다. 만일 그렇다면, 바울은 왜 자신의 이름을 바울로 개명했을까요? 이전의 이름 '사울'과 이후의 이름 '바울'이 의미하는 바를 살펴보면 왜 바울이 이름을 개명했는지, 그가 개명을 통해 어떤 결심을 하고 있는지 짐작할 수 있습니다.

먼저 사울입니다. 사울이라는 이름은 히브리어입니다. 사울은 '구하다', '요청하다'라는 뜻을 가진 히브리어 동사에서 파생되어, '구하여진', '간청된'의 의미를 가지고 있습니다. 우리가 잘 아는 왕, 사울이 있습니다. 사울은 비록 비참한 최후를 맞기는 했지만, 이스라엘의 초대 왕으로서 크고 위대함을 상징합니다. 이에 반하여 바울이라는 이름은 로마식 이름으로 '적은'을 의미합니다. 자신이 '작은 자'임을 스스로 밝히고, 다짐하는 이름입니다.

바울은 왜 자신을 '작은 자'라고 불렀을까요? 바울이 자신을 표현하는 고백 중에 이와 연관된 구절이 있습니다.

"죄인 중에 내가 괴수니라" (딤전 1:15)

바울은 자신을 '죄인 중에 괴수', '가장 작은 자'라고 여겼고, 이것을 자신의 이름으로 개명했습니다. 예수를 이단으로 여기고 핍박하던 때를 생각하면, 바울은 견딜 수 없이 부끄러웠을 것입니다. 자신이 아무리 위대한 일을 감당한다 해도 과거의 부끄러움과 죄 됨을 결코 씻을 수 없다는 것을 잘 알았습니다. 이렇게 부끄러운 과거를 씻는 길은 크고 위대한 일을 감당함으로 과거의 부끄러움을 배상하는 길이 아니라, 과거의 그 부끄러웠던 잘못을 잊지 않는 길임을 잘 알았습니다.

그래서 바울은 그 부끄러움을 절대로 잊지 않기 위해서 그 흔적을 자신의 이름에 새겨 놓은 것이 아닐까요? 사람들이 자신을 부를 때마다 들리는 자신의 이름을 통해서, 그리고 사역을 할 때, 편지를 쓸 때마다 기록되는 자신의 이름을 통해서 자신의 부끄러운 과거를 기억하고 또 기억하고자 했습니다. 바울은 그 부끄러움을 되새기며 다시는 그와 같은 부끄러운 사람이 되지 않겠다고 다짐했을 것입니다.

사람들은 부끄러운 과거를 감추고 좀 더 좋은 모습으로 자신을 포장하려고 합니다. 그렇기 때문에 부끄러움을 영원히 씻지 못합니다. 그러나 바울은 자신의 이름에, 가장 가까운 곳에 부끄러웠던 과거를 새겨 놓았습니다. 부끄러운 과거는 바울에게 채찍입니다. 빚진 자로서 더욱 주님께 충성하며 달려가게 하는 채찍입니다. 바울에게 부끄러운 과거는 겸손입니다. 아무리 크고 위대한 일을 감당한다 해도 바울은 내세울 것이 없습니다. 예수 그리스도께 지은 죄가, 지은 빚이 너무나 크기 때문입니다.

사도 바울의 능력은 바로 이 부끄러움에서 나온 것이 아닐까요? 바울도 사람입니다. 이 부끄러움이 없었다면, 나태할 수 있고, 교만할 수 있었을 것입니다. 나태해지려 할 때, 그리고 교만해지려 할 때 바로 이 부끄러운 과거가 바울을 더욱 채찍질하고 겸손하게 만들어 주는 하나님의 은혜의 도구로 선용되었을 것입니다. 숨겨지지 않는 부끄러움을 숨기려 애쓰는 사람들의 인생을 바라보며, 부끄러움을 가장 가까운 곳에 각인시켜 그 부끄러움을 잊지 않음으로 성숙하고 겸손함으로 나아간 '작은 자' 바울을 생각해 봅니다.

성도된 우리에게도 감추고 싶은 부끄러운 모습들이 있습니다. 바울이 자신의 이름에 그 흔적을 각인시켜 그것을 잊지 않으려 했던 것과 같이 우리도 우리의 부끄러움을 잊지 말아야 합니다. 부끄러움이 감추어 질 때, 오히려 그것은 영원한 부끄러움으로 보존됩니다. 그리고 감춰진 듯 보이는 그 안에서 부패됩니다. 부끄러움은 가장 가까운 곳에 각인시켜 잊지 말아야 합니다. 잊지 않음으로 그 아픔까지도 되새기며, 다시는 그런 부끄러운 자가 되지 않으리라는 다짐과 함께 주님께 나아가는 기회로 삼아야 합니다.

'작은 자'임을 자처했던 바울은 결코 작은 자가 아닙니다. 예수 그리스도의 사명을 감당하기 소원하는 우리가 본받기 원하는 모범이 되었습니다. 부끄러움을 기억하는 자가 얻는 영광입니다.

누가의 침묵
유두고 소생의 기적의 통로

"유두고라 하는 청년이 창에 걸터 앉아 있다가 깊이 졸더니 바울이 강론하기를 더 오래 하매 졸음을 이기지 못하여 삼 층에서 떨어지거늘 일으켜 보니 **죽었는지라**" (행 20:9)

ἤρθη νεκρός(애르쌔 네크로스)

드로아에서 이레를 머물게 되는 바울 일행은 닷새를 보내고 엿새째, 곧 그 주간의 첫 날에 떡을 떼려고 모였습니다. 이제 바울은 내일이면 이곳을 떠나야 합니다. 사랑하는 형제, 자매를 떠나야 하는 바울에게 떡을 떼려고 모인 이 시간은 참으로 소중한 시간입니다. 우리가 생각하는 것보다 더욱 더 소중하고 귀중한 시간이었습니다. 바울은 자신이 가고자 하는 예루살렘에서 자신이 당하게 될 일을 어느 정도 짐작하여, 죽음까지도 각오하고 있었습니다. 어쩌면, 이들을 다시는 볼 수 없다는 것을 알고 있었기 때문입니다. 이러한 바울의 각오를 보여 주는 구절입니다.

"오직 성령이 각 성에서 내게 증언하여 결박과 환난이 나를 기다린다 하시나 내가 달려갈 길과 주 예수께 받은 사명 곧 하나님의 은혜의 복음을 증언하는 일을 마치려 함에는 나의 생명조차 조금도 귀한 것으로 여기지 아니하노라 보라 내가 여러분 중에 왕래하며 하나님의 나라를 전파하였으나 이제는 여러분이 다 내 얼굴을 다시 보지 못할 줄 아노라"(행 20:23~25)

"우리가 그 말을 듣고 그 곳 사람들과 더불어 바울에게 예루살렘으로 올라가지 말라 권하니 바울이 대답하되 여러분이 어찌하여 울어 내 마음을 상하게 하느냐 나는 주 예수의 이름을 위하여 결박 당할 뿐 아니라 예루살렘에서 죽을 것도 각오하였노라 하니"(행 21:12~13)

이런 각오를 품고 있던 바울에게 사랑하는 형제, 자매들과 함께 나누는 드로아에서의 마지막이 될 수 있는 이 시간은 귀하고 소중한 시간입니다. 소중한 시간이기에 바울은 시간을 아꼈습니다. 이튿날 길을 떠나야 하기에 잠을 푹 자 두어야 했지만, 바울은 그렇게 하지 않았습니다. 7절, "그들에게 강론할 새 말을 밤중까지 계속하매", 밤늦도록 신앙의 대화와 권면을 이어갔습니다. 9절, 바울은 여기에서 멈추지 않고, "강론하기를 더 오래" 했습니다. 이렇게 바울의 강론이 길어지자 잠을 못 이긴 유두고가 삼 층에서 떨어져 죽었습니다.

10절, 바울은 내려가서 유두고를 소생시킨 후 다시 올라옵니다. 이제 내일의 여행을 위해서 잠을 청할 만도 한데, 바울은 그렇게 하지 않습니다. 11절, 그 후로도 오랫동안, 곧 날이 새기까지 이야기합니다. 그리고는 한숨도 자지 않고 길을 나섭니다. 이런 바울의 모습을 통해 바울이 드로아에서 형제, 자매들과 함께 나누는 이 시간을 얼마나 소중하고 귀중하게 생각하고 있는지, 그리고 이 시간을 마지막 신앙의 권면과 당부의 기회로 삼고 있는지 볼 수 있습니다.

이제, 유두고의 죽음 안에 담겨진 의미를 살펴보겠습니다. 유두고는 바울의 밤늦은 강론으로 졸음을 이기지 못하여 삼 층에서 떨어져 죽었습니다. 떨어진 유두고에게 내려간 바울은 "생명이 그에게 있다"(행 20:10)고, 죽지 않았다고 했습니다. 그러나 본문은 유두고가 죽었다고, νεκρός(네크로스)를 통해 표현합니다. 이 말은 '죽은 사람', '시신'을 나타냅니다.

유두고가 죽었다는 것을 우리에게 알려주는 또 하나의 증거가 있습니다. 그것은 그의 죽음을 진단한 사람입니다. 우리가 잘 알듯이 사도행전은 누가복음의 저자인 누가가 기록했습니다. 그러므로 "일으켜보니 죽었는지라"(행 20:9), 곧 '유두고의 죽음'을 진단한 사람은 바로 누가입니다. 누가는 바울의 전도여행 중에 때때로 바울과 헤어져 있기도 했습니다. 그러나 유두고가 죽은 이곳, 드로아에서는 바울과 함께 했습니다. 이 말은 유두고의 추락과 이로 인한 그의 죽음을 누가가 직접 목격하고 나서 '유두고의 죽음'을 진단했음을 의미합니다. 누가가 바울과 함께 유두고의 죽음을 목격했다는 것을 증언하는 성경구절입니다.

> "**우리는** 무교절 후에 빌립보에서 배로 떠나 닷새 만에 드로아에 있는 그들에게 가서 이레를 머무니라 그 주간의 첫 날에 **우리가** 떡을 떼려 하여 모였더니 바울이 이튿날 떠나고자 하여 그들에게 강론할새 말을 밤중까지 계속하매"(행 20:7~8)

여기서 표현된 "우리"가 의미하는 최소한의 인원은 사도행전을 기록한 누가와 사도 바울입니다. 물론 여기에 함께 동행 했던 사람들이 포함되어야 합니다. 누가는 바울과 함께 드로아에 들어갔고, 함께 떡을 뗐고, 함께 유두고의 추락과 죽음을 목격했습니다. 그리고 유두고의 사망을 진단했습니다. 우리가 잘 알듯이 누가의 직업은 의사입니다. 의사인 누가가 유두고의 사망진단서를 발행했습니다. 누가가 의사라는 것은 함께 한 모든 사람들도 알고 있습니다. 그러므로 누가가 유두고의 사망진단을 내렸을 때, 이것은 의심의 여지가 없는 확실한 사망진단입니다. 누가 여기에 이의를 제기할 수 있습니까? 이런 상황에 바울이 소리칩니다.

"떠들지 말라 생명이 그에게 있다" (행 20:10)

바울의 이 외침에 가장 기분이 상할 수 있었던 사람은 바로 누가입니다. 가장 난처한 입장에 빠질 수 있었던 사람도 누가입니다. 그러므로 바울의 이러한 외침에 가장 반대할 수 있었던 사람도 바로 누가입니다. 어쩌면 바울의 이 외침은 누가에게 한 것이 아니었을까요? 그런데도 누가는 한 마디도 말하지 않고 침묵을 지킵니다. 만일 이때 누가가 침묵을 지키지 않고 의사로서 가지고 있는 자신의 지식을 들먹이며 바울과 실랑이를 벌였다면, 이 다툼으로 인하여 바울이 유두고를 다시 소생시키는 일은 일어나지 않았을 수도 있습니다.

하나님께서 바울을 통해 유두고를 소생시켜 주셨습니다. 숨겨져서 잘 보이지는 않지만, 이 놀라운 기적을 가능케 했던 또 하나의 통로는 바로 '누가의 침묵'입니다. 때로는 한 치의 어긋남도 없이 정확한 지식, 정확한 판단이라 할지라도, 자신의 목소리를 침묵함으로 묻어야 할 때가 있습니다. 특별히 신앙 안에서는 더더욱 그러합니다. 신앙의 일은 옳고 그름을 따져서 이루어지는 일이 아닙니다. 우리가 옳고 그름을 따질 수도 없습니다. 옳고 그름을 따져서 다툼과 분쟁이 일어나기 쉬울 때에는 이것을 피하기 위해서 오히려 기다림의 침묵을 가져야 합니다. 옳은 소리를 관철하려는 성도보다 이렇게 침묵하는 성도가 교회의 덕을 세웁니다.

제자 스데반에서 순교자 스데반으로

스데반에게 있던 제자로서의 모습을 사도행전 7장 1~60절을 통해 살펴볼 수 있습니다. 스데반의 이러한 제자의 모습이 그를 순교자로 세워 줍니다. 신앙의 단계 가운데 제자의 단계를 설명했습니다. 제자, μαθητής(마쎄태스)란 '배우다'를 의미하는 동사 μανθάνω(만싸노)에서 유래하므로, 단순히 스승 아래에 있는 사람이 아니라, 자신이 스승 아래에 머무는 목적, 즉 '스승의 교훈과 길을 배우는 자'입니다. 사도행전을 보면, 스승이신 예수님의 말씀을 잘 배우고, 실천한 제자 스데반을 볼 수 있습니다. 더구나 주님께로부터 배운 것을 순종하기 불가능한 상황에서도 그대로 좇고 있는 모습을 볼 때, 스데반이 주님을 향해 품은 마음을 읽을 수 있습니다.

"그들이 돌로 스데반을 치니 스데반이 부르짖어 이르되 주 예수여 내 영혼을 받으시옵소서 하고"(행 7:59)

"무릎을 꿇고 크게 불러 이르되 주여 이 죄를 그들에게 돌리지 마옵소서 이 말을 하고 자니라"(행 7:60)

이 두 구절은 스데반이 돌에 맞아 죽임을 당할 때, 주님께 드렸던 기도이며, 유언입니다. 이 두 유언을 통해 스데반이 주님을 배운 것과, 스데반의 제자로서의 정도를 살펴볼 수 있습니다. 먼저 59절 유언입니다.

"주 예수여 내 영혼을 받으시옵소서"(행 7:59)

죽음을 앞둔 상황에 과연 누가 이런 유언을 할 수 있을까요? 우리가 잘 알듯이 이 말씀은 스데반의 것이 아닙니다. 예수님의 가상칠언 중 하나로서, 누가복음 23장 46절에 기록된 주님의 유언입니다. 스데반의 두 번째 유언은 60절에 기록되었습니다.

"주여 이 죄를 저들에게 돌리지 마옵소서"(행 7:60)

이 유언 역시 누가복음 23장 34절에 기록된 예수님의 가상칠언의 유언 중 하나입니다. 죽음 앞에서 자신의 영혼을 주인 되신 하나님께 의탁하고, 자신을 향해 돌을 던지는 유대인들을 긍휼히 여겨달라고 기도하는 스데반을 통해 우리는 그가 예수님의 마음과 정신을 신실하게 따르고 있는 것을 볼 수 있습니다. 스데반은 예수 그리스도와 복음을 증언하다가 죽겠다는 각오를 가지고 있습니다. 스데반의 이러한 태도가 그를 일곱 일꾼 중 한 명으로 세워지게 했습니다. 스데반의 각오, 죽음 앞에서 주님의 유언을 암송하고 실천하는 스데반은 예수 그리스도를 증거하는 "칭찬 받는 사람(행 6:3)"입니다.

앞서 "칭찬 받는"의 의미는 헬라어 동사 μαρτυρέω(말튀레오)의 의미로서, '증거하다' 즉 '증거하는 자', '증인'이라고 했습니다. 또한 이 표현은 '순교자'를 의미합니다. 이미 스데반은 주님의 복음을 증언하고, 이를 위해서 순교자가 될 각오를 가지고 있었습니다. 그러나 아무리 죽음을 각오했다 할지라도 죽음의 위협을 받는 순간에는 그 각오와 다짐이 변하기 쉽습니다. 베드로의 경우가 그러합니다. 물론 베드로도 주님을 위하여 자신의 목숨을 버리겠다고 고백했습니다.

"시몬 베드로가 이르되 주여 어디로 가시나이까 예수께서 대답하시되 내가 가는 곳에 네가 지금은 따라올 수 없으나 후에는 따라오리라 베드로가 이르되 주여 내가 지금은 어찌하여 따라갈 수 없나이까 주를 위하여 내 목숨을 버리겠나이다"(요 13:36~37)

그러나 주님께서 잡히시던 밤, 베드로의 이 다짐은 철회되고, 허풍이 되었습니다. 죽음의 위협을 벗어나 얼마간 안전한 곳으로 도망친 베드로의 눈에 결박당하시고 끌려가시는 주님의 모습이 보였습니다. 주님의 모습을 바라보며 베드로는 자신의 다짐이 얼마나 부끄러운 것인가를 깨달았습니다. 정신을 차리고는 주님을 따르기로 다시 결심합니다. 그래서 베드로는 주님을 뒤좇아 대제사장 가야바의 장인 안나스의 집에 들어갔습니다. 베드로가 주님을 위해 목숨을 버리기로 두 번째 다짐한 결단입니다.

그러나 이 두 번째 다짐마저도 부끄러운 모습으로 끝을 맺고 맙니다. 자신이 예수 그리스도의 제자임을 밝히고, 그분과 함께 죽기 위해 따라간 길이었을 텐데, 오히려 베드로는 주님을 세 번씩이나 부인합니다. 평안할 때 드렸던 자신의 다짐과 결단이 고난의 현장 속에서는 부끄러운 허풍에 지나지 않았다는 것을 깨닫습니다. 베드로가 못나서 그런 것이 아닙니다. 성도가 죽음의 순간과 마주 섰을 때, 웬만한 결단과 다짐으로는 주님께 드린 헌신과 충성의 약속을 지킬 수 없습니다.

그런데 스데반은 자신의 다짐을 실천합니다. 주님의 유언대로 유언하며, 기도하며 순교의 자리를 지켰습니다. 스데반의 이런 모습을 통해 그가 주님께 배운 제자로서의 모습이 어느 수준인지 가늠해볼 수 있습니다. 이런 제자였기에 스데반은 영광의 순교를 감당할 수 있었습니다. 뿐만 아니라, 스데반이 영광의 순교를 감당할 수 있었던 두 번째 요인도 있습니다. 이 두 번째 요인을 간과한다면, 우리가 주님께 드리는 헌신과 희생, 순교의 모습을 사람의 것으로 돌리는 착각으로 범하기 쉽습니다. 두 번째 요인을 통해 보면, 그의 순교의 용기가 주님의 도우심과 사랑 덕분이었음을 알게 됩니다. 스데반이 담대하게 순교할 수 있었던 두 번째 요인은 사도행전 7장 54~55절에 소개됩니다.

> "그들이 이 말을 듣고 마음에 찔려 그를 향하여 이를 갈거늘 스데반이 성령 충만하여 하늘을 우러러 주목하여 하나님의 영광과 및 예수께서 하나님 우편에 서신 것을 보고"(행 7:55)

스데반을 죽이려는 무리가 스데반을 향하여 이를 갈았습니다. 스데반도 자신의 죽음의 순간을 인식하였습니다. 두렵고 무서운 죽음의 순간을 외면하지 않고, 순교의 시간으로 맞이하기 위해서 스데반은 하나님을 향하여, 예수 그리스도를 향하여 하늘을 우러러 봅니다. 담대한 용기를 구하는 기도입니다. 그때 스데반은 첫째로, 하나님의 영광을 목격합니다. 둘째로, 스데반은 "예수께서 하나님 우편에 서신 것"을 봅니다. 특별히 이 장면을 목격한 스데반은 성령의 감동으로 충만합니다. 담대하게 순교를 맞이할 용기를 얻습니다.

하나님 보좌 우편에 계시는 예수 그리스도에 대한 묘사는 언제나 '앉아계신 주님'으로 기록되어 있습니다.

> "주 예수께서 말씀을 마치신 후에 하늘로 올려지사 하나님 우편에 앉으시니라"(막 16:19)

> "다윗은 하늘에 올라가지 못하였으나 친히 말하여 이르되 주께서 내 주에

게 말씀하시기를 내가 네 원수로 네 발등상이 되게 하기까지 너는 내 우편에 앉아 있으라 하셨도다"(행 2:34~35)

"그의 능력이 그리스도 안에서 역사하사 죽은 자들 가운데서 다시 살리시고 하늘에서 자기의 오른편에 앉히사"(엡 1:20)

"이는 하나님의 영광의 광채시요 그 본체의 형상이시라 그의 능력의 말씀으로 만물을 붙드시며 죄를 정결하게 하는 일을 하시고 높은 곳에 계신 지극히 크신 이의 우편에 앉으셨느니라"(히 1:3, 8:1, 12:2 참고)

"… 하늘에 오르사 전능하신 하나님 우편에 앉아 계시다가…"(사도신경)

그러나 스데반의 순교의 현장에서 예수님은 하나님 우편에 서 계십니다. 스데반의 순교를 지켜보시는 주님께서 더 이상은 앉아계실 수 없으셨을 것입니다. 이 장면을 목격한 스데반은 위로하시고, 자신의 순교와 함께 하시는 주님의 사랑과 위로를 얻었습니다. 주님께서 베풀어 주신 이 용기와 위로로 스데반은 변함없는 모습으로 순교를 감당할 수 있었습니다. 예수님께서는 언제부터 하나님의 우편에 서 계셨을까요? 원문의 의미를 짚어봅니다. 스데반이 '하늘을 우러러 주목하였을 때(ἀτενίσας-아테니사스) 하나님의 영광을 보았습니다. 그리고 스데반은 이미 하나님 우편에 서 계신(ἑστῶτα-헤스토타) 예수님'을 보았습니다.

예수님께서는 스데반이 대제사장과 그 무리들에게 잡혔을 때부터(행 6:11~12) 걱정하시며 서서 스데반을 지켜보고 계셨습니다. 본문은 하나님 우편에서 일어나 서시는 예수님이 아니라, 이미 일어나 계신 예수님을 스데반이 목격했다고 기록합니다. 스데반이 하늘을 우러렀을 때 예수님께서는 이미 서 계셨습니다. 이미 서 계신 예수님을 바라보면서, 스데반은 자신을 걱정하시고 안타까워하시며 발을 동동 구르시는 예수님의 마음을 알 수 있었습니다. 자신의 순교를 품어 주시는 주님의 마음을 읽었고, 이 감격에 순교의 용기를 얻었습니다.

이렇게 보면, 제자였던 스데반을 영광의 순교의 자리에서도 변하지 않게, 그의 평소의 다짐과 고백이 허풍이 되지 않도록 인도해 주신 분은 예수님이십니다. 사람이 하는 것 같지만, 사실은 우리를 인도해 주시고 위로해 주시는 주님께서 하시는 일입니다. 예수님께서는 우리의 고난 가운데에도 친히 하나님 우편에 서 계셔서 위로해 주시고, 품어 주시리라 믿습니다. 우리가 눈을 들어 하나님 우편에 서서 발을 동동 구르며 서 계신 주님의 위로와 사랑을 주목할 수만 있다면, 어떤 상황과 환경 속에서도 변함없는 신실한 성도로 남을 수 있습니다.

스데반 순교의 열매 I

"스데반이 은혜와 권능이 충만하여 큰 기사와 표적을 민간에 행하니 이른
바 자유민들 즉 구레네인, 알렉산드리아인, 길리기아와 아시아에서 온 사람
들의 회당에서 어떤 자들이 일어나 스데반과 더불어 논쟁할새 스데반이 지
혜와 성령으로 말함을 그들이 능히 당하지 못하여"(행 6:8~10)

스데반은 초대교회의 일곱 일꾼 중 한 명으로 선출됩니다. 성경은 그
의 능력에 대해 위와 같이 말씀합니다. 이런 능력과 지혜의 스데반에게
초대교회는 많은 기대를 걸고 있었을 것입니다. 그런데 초대교회의 기
대와는 달리 스데반은 순교로 생을 마감했습니다. 어쩌면, 초대교회 성
도들에게 스데반의 순교는 저들의 기대를 저버리게 하는 실망스러운 사
건일지도 모릅니다.

그러나 스데반의 순교는 예수님의 위로와 사랑으로 이루어진 영광입
니다. 스데반의 순교는 주님께서 사용하신 도구입니다. 주님께서는 스
데반의 순교를 통해 두 종류의 열매를 맺고자 하셨습니다. 스데반의 순
교에 담긴 주님의 두 가지 계획 중 첫 번째입니다. 사도행전 1장 8절이
말씀하는 것은 세 가지입니다. '성령 받으라.', '선교의 지평을 땅 끝까
지 확장하라.', 그리고 '성령 받을 때까지는 예루살렘을 떠나지 말고 기

다리라.'입니다. 초대교회는 주님께서 약속하신 성령의 강림을 예루살렘에서 기다렸습니다. 그리고 성령을 받았습니다. 주님께서 초대교회에 명령하신 사도행전 1장 8절 말씀 가운데 두 가지가 성취되었습니다.

이제 초대교회에는 주님의 마지막 명령이 남았습니다. '땅 끝까지 이르러 주님의 증인이 되는 것'입니다. 그러나 초대교회는 오순절 성령 체험의 역사 후에도 예루살렘과 유대를 떠나지 않았습니다. 사마리아와 땅 끝으로 나아가지 않았습니다. 주님의 세 번째, 마지막 명령에 순종하지 않고 있습니다. 초대교회가 주님의 세 번째 명령에 순종하게 하기 위해서 주님께서 사용하신 방법이 무엇인지 사도행전 8장 1절이 말씀합니다.

> "사울은 그가 죽임 당함을 마땅히 여기더라 그 날에 예루살렘에 있는 교회에 큰 박해가 있어 사도 외에는 다 유대와 사마리아 모든 땅으로 흩어지니라"(행 8:1)

주님께서 사용하신 방법은 박해입니다. 초대교회는 박해라는 고난을 통해 쫓겨나듯 예루살렘과 유대를 떠나 사마리아의 각처로 흩어질 수밖에 없었습니다. 사람들은 이날 초대교회에 일어난 큰 박해가 교회를 대적하고, 교회를 잔해하는 무리들이 일으킨 것이라고 이야기합니다. 그러나 이 박해는 하나님께서 초대교회를 땅 끝까지 흩으시기 위해 준비하신 선교의 도구입니다. 박해 때문에 쫓겨난 줄 알았지만, 이것이 하나님의 선하신 계획이었음을 성도들도 깨닫습니다. 그래서 그들은 흩어진 곳에서 복음을 증거했습니다.

> "그 흩어진 사람들이 두루 다니며 복음의 말씀을 전할새 빌립이 사마리아 성에 내려가 그리스도를 백성에게 전파하니"(행 8:4~5)

박해를 통해 초대교회를 흩으셨습니다. 주님의 마지막 명령이 박해를 통해 성취되기 시작합니다. 주님의 마지막 명령을 성취하게 한 박해는 스데반의 순교로부터 비롯되었습니다. 사도행전 8장 1절의 "그 날에", 그 날은 '스데반이 순교한 날'입니다. 스데반이 순교한 날, 큰 박해가 일어났고, 이 박해로 초대교회가 흩어져 주님의 명령에 순종하였습니다. 주님의 뜻과 계획을 여기까지 바라본다면, 스데반의 죽음은 비참하고 부끄러운 죽음이 아닙니다. 주님께 쓰임 받은 귀한 선교의 도구입니다. 우리도 인생 가운데 여러 가지 부끄럽고, 험한 일들을 당합니다. 부끄러움이며, 치욕이지만, 주님의 선하신 도구로 쓰인다면 이를 견딜 수 있습니다.

스데반의 순교로 야기된 초대교회의 큰 박해를 통해 교회는 사방으로 흩어져 전도합니다. 빌립은 사마리아로 내려가 전도하고, 곧이어 이어지는 9장에서는 교회를 잔해하던 사울의 회심이야기가 따라옵니다. 그리고 이어서 베드로가 이방인 고넬료를 심방하여 이방선교의 문을 열고, 이어서 이방인의 사도인 바울의 이야기로 사도행전의 축이 넘어갑니다. 빌립의 사마리아 전도, 바울의 고넬료 방문과 사울의 회심과 바울의 이방 전도, 곧 주님의 마지막 명령, "땅 끝까지" 전도가 스데반의 순교에서 시작됩니다.

스데반은 순교라는 죽음으로써 하나님께 쓰임 받았습니다. 많은 성도들이 자신의 기호대로 쓰임 받게 해 달라고 기도합니다. 그러나 쓰임 받는 것은 쓰시는 분 마음에 달렸습니다. 쓰임 받는 우리에게 달려 있지 않습니다. 우리가 좋아하는 모양대로 쓰임 받기를 구하는 것보다, 하나님께서 쓰시는 모양대로 사용되어야 합니다. 이런 성도가 많아질 때,

교회는 하나님의 명령, 예수 그리스도의 명령을 감당하는 세상의 소금과 빛으로 서게 됩니다.

스데반 순교의 열매 II(ἔτι-에티)

예수님께서 계획하신 두 번째 열매는 스데반의 순교의 상황에 뿌려진 씨앗에서 맺어집니다. 스데반은 공회에서 자신을 심문하던, 대제사장과 모인 무리들에게 이스라엘의 역사를 꿰뚫는 설교를(행 7:2~53) 통해서 저들의 잘못을 지적합니다. 스데반이 지적하는 저들의 잘못입니다.

> "목이 곧고 마음과 귀에 할례를 받지 못한 사람들아 너희도 너희 조상과 같이 항상 성령을 거스르는도다 너희 조상들이 선지자들 중의 누구를 박해하지 아니하였느냐 의인이 오시리라 예고한 자들을 그들이 죽였고 이제 너희는 그 의인을 잡아 준 자요 살인한 자가 되나니 너희는 천사가 전한 율법을 받고도 지키지 아니하였도다"(행 7:51~53)

스데반은 예수님을 십자가에 못 박게 한 것이 저들의 가장 큰 잘못이라고 지적합니다. 저들은 예수를 못 박은 것을 자신들의 죄라고 인정하지 않았습니다. 그러나 스데반의 다음과 같은 설교에 저들은 분노합니다.

> "목이 곧고 마음과 귀에 할례를 받지 못한 사람들아"(행 7:51)

> "너희는 천사가 전한 율법을 받고도 지키지 아니하였도다"(행 7:53)

할례와 율법은 유대인들의 자랑이며 긍지입니다. 그런데 스데반은 자신의 설교를 통해 이러한 유대인들의 자랑과 긍지를 무시하고 비판합니다. 저들에게 가장 거슬리는 설교입니다. '할례 받지 못한 사람', '율법을 받고도 지키지 않는 사람'이라는 스데반의 설교를 듣던 무리들은 54절에 '마음이 찔렸습니다.' 이 찔림으로 인하여 저들은 분노하게 되었고, 결국에는 돌을 던져 스데반을 죽입니다.

> "그들이 이 말을—스데반의 설교를— 듣고 마음에 **찔려** 그를 향하여 이를 갈거늘"(행 7:54)

'찔리다'는 이 동사는 διαπρίω(디아프리오)로서, διά(디아)는 '~을 통하여', '둘 –two'을 의미합니다. 그리고 동사 πρίω(프리오)는 '톱으로 자르다'를 의미합니다. 헬라어 동사의 형태가 ~ομαι(~오마이), 즉 διαπρίομαι(디아프리오마이)가 되면, '톱질을 당하다'는 수동, 혹은 재귀의 의미를 가집니다. 스데반의 설교를 들은 저들의 마음은 톱질을 당하는 것 같았고, 이로 인하여 둘, 혹은 둘 이상의 조각으로 찢어졌습니다. 그리고 분노하였습니다. '찔림'과 '분노'는 양면성을 가지고 있습니다. '찔림'의 의미를 '분노'의 감정과 연관시켜 번역한 곳이 있습니다.

> "대제사장과 그와 함께 있는 사람 즉 사두개인의 당파가(행 5:17) … 그들이 듣고 **크게 노하여**(διεπρίοντο–디에프리온토, 기본형 διαπρίομαι–디아프리오마이) 사도들을 없이 하고자 할새"(행 5:33)

사도행전 5장 33절이 말씀하는 "크게 노하여"는 예수 그리스도와 부활에 대해서 담대하게 증언하는 베드로와 사도들로 인해서 공회원들이 가지게 된 분노의 감정을 표현합니다. 스데반의 설교를 통해 일어난 상황과 동일합니다. "찔림"(행 7:54)과 "크게 노하여"(행 5:33)는 헬라어 원문의 표현으로는 διαπρίομαι(디아프리오마이)로 동일한 단어입니다. 저들은 베드로와 사도들이 그리고 스데반이 자신들의 숨겨진 잘못을 톱으로 켜고, 조각을 내어서 밖으로 드러내자, 마음이 찔렸고, 이로 인하여 드러난 자신들의 무지와 죄에 대하여 회개와 자복이 아니라, 분노의 감정으로 대했습니다.

마음에 찔림을 받을 때, 이것은 분노의 감정으로 연결할 것이 아닙니다. 회개로 받아들여서 부족하고 못난 부분을 채워야 합니다. 찔림은 자신의 부끄러움을 바라보게 하는 좋은 기회입니다. 그러나 저들은 이 좋은 기회를 잡지 못했습니다. 자신들의 잘못과 무지와 죄를 직시하지 않았습니다. 그리고는 더 이상은 스데반의 설교를 들으려 하지 않았습니다. "큰 소리를 지르며 귀를 막고"(행 7:57) 스데반에게 달려들었습니다. 이 좋은 기회를 "큰 소리를 지르며 귀를 막고" 흘려버리고 맙니다.

"큰 소리를 지르며 귀를 막고"서 미친 듯이 돌을 던져 스데반을 죽입니다. 미친 사람이 되어 스데반을 죽일 수밖에 없는 저들의 마음속, 저들의 무의식 속에는 스데반의 설교로 인한 찔림과 스데반의 담대한 순교로 인한 얼마간의 감동이 있었음이 분명합니다. 이 찔림, 이 감동에 흔들리지 않기 위해서 "큰 소리를 지르며 귀를 막고"서 미친 듯이 스데반을 죽입니다. 그렇게 스데반을 죽이지 않고는 자신들 안에 찾아온 찔림과 그 감동이 자신들을 어떻게 변화시킬지 두려웠기 때문입니다. 미친 듯이 스데반을 죽이는 저들의 모습 속에서 저들 안에 생겨난 조그만 틈을 발견할 수 있습니다. 예수님께서 스데반의 순교를 통해 저들에게 심어준 틈입니다. 바늘구멍과도 같이 작지만 나중에는 댐을 무너뜨리는 틈입니다.

주님께서 저들의 마음속에 회개의 기회를 주신 것을 보여 주는 말씀이 있습니다. 사도행전 6장 15절입니다.

"공회 중에 앉은 사람들이 다 스데반을 주목하여 보니 그 얼굴이 천사의 얼굴과 같더라"(행 6:15)

비록 이 말씀은 누가가 기록한 것이기는 하지만, 누가가 보기에 저들이 이러한 감정을 느끼고 있다고 기록한 것입니다. "공회 중에 앉은 사람들이 다" 스데반을 보며 스데반의 얼굴이 "천사의 얼굴"과 같음을 느꼈습니다. 스데반을 향해서 분노의 이를 갈고 있지만, 스데반에 대한 저들의 감정을 보여 줍니다. 스데반의 순교를 통해 생겨난 바늘구멍, 댐을 무너뜨리는 시발점으로서의 틈은 누구를 위한 것이었을까요? 본문을 조금만 살펴보면, "마음에 찔림"을 받은 사람 중에 구체적으로 그 이름이 거론되는 한 인물이 있습니다. 자칫 간과하기 쉬운 인물입니다. 바로 사울입니다.

"(그들이 스데반을) 성 밖으로 내치고 돌로 칠새 증인들이 옷을 벗어 사울이라 하는 청년의 발 앞에 두니라"(행 7:58)

분명 스데반의 순교의 현장에 사울도 함께 있었습니다. 누가가 기록한대로, 사울도 스데반의 얼굴을 "천사의 얼굴"로 보았습니다. 그리고 스데반의 설교에 "마음에 찔림"을 받았습니다. 사울은 예수의 사랑과 용서를 지닌 채 담대하게 죽음을 맞이하는 스데반의 순교를 목격하였습니다. '도대체 예수가 누구이기에 저 사람이 저렇게 담대한 설교를 공회 앞에서 전하고, 저와 같이 충만한 기쁨으로 죽음을 맞이할 수 있단 말인가?' 예수님께서 스데반의 순교를 통해 사울에게 심어준 인상입니다.

예수님께서 스데반의 순교를 사용하셔서 사울에게 뚫어놓으신 바늘구멍과 같은 작은 틈입니다. 바늘구멍과 같은 틈이 거대한 댐을 무너뜨렸습니다. 주님께서 사울 안에 놓으신 이 틈이 사울을 회심케 하였습니다. 그러므로 스데반의 순교의 현장은 우리가 기록으로 찾아볼 수 있는 범위에 있어서는 사울을 회심케 하시는 주님의 첫 번째 계획의 장입니다. 이러한 정황을 드러내 주는 본문은 사도행전 9장 1~2절입니다.

> "사울이 주의 제자들에 대하여 **여전히** 위협과 살기가 등등하여 대제사장에게 가서 다메섹 여러 회당에 가져갈 공문을 청하니 이는 만일 그 도를 따르는 사람을 만나면 남녀를 막론하고 결박하여 예루살렘으로 잡아오려 함이라"(행 9:1~2)

본문은 스데반의 설교와 순교를 목격한 사울의 모습을 "여전히"라고 표현합니다. "여전히"를 의미하는 헬라어 단어 ἔτι(에티)는 '더욱', '아직', '아직도'라는 의미도 있습니다. 여기에서 살펴보고자 하는 것은 '아직도'입니다. 성경의 여러 본문 속에서 ἔτι(에티)는 '여전히'와 '아직도'로 해석되는데, 그 문맥상의 의미는 상호 교환할 수 있을 정도로 비슷한 의미입니다. 헬라어 ἔτι(에티)를 "아직도"로 번역하는 본문들이 있습니다.

> "그 청년이 이르되 이 모든 것을 내가 지키었사온대 **아직도** 무엇이 부족하니이까"(마 19:20)

> "너희는 **아직도** 육신에 속한 자로다 너희 가운데 시기와 분쟁이 있으니 어찌 육신에 속하여 사람을 따라 행함이 아니리요"(고전 3:3)

헬라어 ἔτι(에티)는 누구의 입장을 기준으로 하느냐에 따라서 다른 의미를 보여 줍니다. 사울의 입장을 반영하는 것이라면, 그는 '여전히', 곧 이전과 변함없는 상태일 뿐입니다. 변화된 것이 없이 여전합니다. 헬라어 ἔτι(에티)가 이렇게 해석되면, 본문이 표현하고 있는 "마음에 찔려"(행 7:54)와 "공회 중에 앉은 사람들이 다 스데반을 주목하여 보니 그 얼굴이 천사의 얼굴과 같더라"(행 6:15)는 표현을 통해 저자 누가가 보여 주고자 하는 사울 안에 생긴 바늘구멍과 같은 틈, 곧 사울의 회심을 이끄시기 위해 스데반의 순교를 사용하신 예수 그리스도의 첫 번째 계획하심을 설명할 수 없습니다.

그러나 성경은 사울의 입장을 대변하기 위해서 기록된 말씀이 아닙니다. 최소한에 있어서는 사도행전의 저자인 누가의 입장을 반영합니다. 더 나아가서는 저자 누가를 감동케 하신 성령님, 예수 그리스도의 입장을 반영합니다. 그러므로 본문의 "여전히"는 바울의 입장이 아니라, 주님의 입장, 주님의 계획안에서 조명되어야 합니다. 이러한 해석을 취하면, "여전히"보다 '아직도'라고 해석하는 것이 좀 더 의미를 살릴 수 있습니다.

'아직도'는 요구되는 것, 혹은 기대되는 것에 미치지 못한 현재의 모습을 보여 줍니다. 앞서 예를 든 마태복음 19장 20절에서 부자 청년은 자신에게 "아직도 무엇이 부족하니이까"라고 예수님께 묻습니다. 청년은 예수님께 '당신이 요구하는 수준에 아직도 내가 미치지 못하는 것이 있습니까?'라고 물은 것입니다. 고린도전서 3장 3절도 마찬가지입니다. 바울은 '고린도 교회와 고린도 교인들의 현재의 모습이 예수 그리스도의 기대와 요구에 미치지 못하고 있음'을 "아직도"라는 표현을 통해 나타냅니다.

예수님께서는 사울에게 회심의 첫 번째 기회로서 스데반의 순교 현장을 주셨습니다. 주님께서는 이 현장을 통해 사울에게 회심을 요구하고 기대하셨습니다. 사울의 회심을 위한 씨앗을 심으셨다고 볼 수 있습니다. 그러나 사울은 '아직도' 주님의 요구를 받아들이지 않았습니다. 하지만, 이것은 사울 안에 댐과 같이 굳게 자리한 유대교의 관습을 무너뜨리는 시발점으로서는 여전히 유효합니다. 작은 틈이 점점 커져 거대한 댐이 무너지듯, 댐과 같이, 강퍅한 사울을 무너뜨리기 위해서는 다메섹도상의 회심 사건 이전에 그의 마음을 움직여 놓는 준비 작업이 필요했습니다. 스데반의 순교의 현장은 사울 회심을 위한 준비 작업입니다. 사울의 회심을 계획하신 주님의 준비 작업이 있었음을 살펴볼 수 있는 말씀이 있습니다.

> "주께서 이르시되 가라 이 사람은 내 이름을 이방인과 임금들과 이스라엘 자손들에게 전하기 위하여 택한 나의 그릇이라" (행 9:15)

> "찬송하리로다 하나님 곧 우리 주 예수 그리스도의 아버지께서 그리스도 안에서 하늘에 속한 모든 신령한 복을 우리에게 주시되 곧 창세 전에 그리스도 안에서 우리를 택하사 우리로 사랑 안에서 그 앞에 거룩하고 흠이 없게 하시려고" (엡 1:3~4)

예수님께서 눈 먼 사울을 아나니아에게 맡기시며 주신 말씀입니다. 주님께서는 사울을 "택한 그릇"이라고 말씀합니다. 언제부터 택하셨을까요? 다메섹 도상에서 사울을 택하셨을까요? 아닙니다. 주님께서 사울을 택하신 것은 그의 고백을 통해 알 수 있습니다. 에베소서 1장 3~4절입니다. 바울은 예수 그리스도께서 자신을 창세전부터 택하셨다고 고백합니다. 예수님께서는 어느 날 갑자기 사울을 택하시기로 결정하신 것이 아닙니다. 창세전부터 바울을 택하셨습니다. 그러므로 사울을 회심케 하는 작업도 다메섹 도상 이전부터 진행되었을 것입니다. 우리가 볼 수 있는 기록의 범위 안에서는 스데반의 순교현장입니다.

그러나 사울은 '아직도' 무너지지는 않았습니다. 그러나 주님의 사울 회심에 대한 계획이 진행 중입니다. 그러니 곧 무너지게 됩니다. 주님께서 틈을 두셨고, 씨앗을 뿌려두셨으니 '주님의 때'를 기다려야 합니다. 사울은 사도행전 7장 58절에서 첫 번째 기회를 잡지 못했습니다. 사도행전 9장 1절, ἔτι(에티)에서는 '아직도' 주님의 요구와 기대에 부응하지 못하고 있습니다. 그러나 연이어 기록되는 사도행전 9장 1절 후반부 이후로 주님의 두 번째 기회인 '다메섹 도상 사건'을 경험합니다. 사울 안에 심겨진 씨앗이 열매를 맺게 되는 주님의 두 번째 계획입니다. 사울 안에 생겨난 바늘구멍과 같은 작은 틈이 거대한 댐과 같이 요지부동하던 사울을 회심시키시는 두 번째 계획입니다.

스데반의 순교의 현장은 우리가 볼 수 있는 것 중에서 주님께서 최초로 바울을 회심시키시고자 계획하신 장입니다. 분명 스데반의 순교의 현장 이전에도 주님께서는 바울의 회심을 위해 계획하시고 행하셨을 것입니다. 사도행전은 주님께서 스데반 순교를 사용하셔서 복음을 땅 끝까지 퍼지게 하셨고, 또 그 순교의 현장에서 이방인의 사도로 세우시려는 바울의 회심을 준비하셨다고 말씀합니다. 스데반의 순교를 통해 이 두 열매를 모두 거두셨습니다.

III 원어로 풀어가는
사도행전 설교

원어(헬라어)로 해설하고 주석한 설교문

후반부 설교문에는 원어 해설과 주석을 생략하였다. (저자 주)

시몬이라 하는 무두장이의 집에 머문 베드로

"베드로가 욥바에 여러 날 있어 **시몬이라 하는 무두장이의 집**에서 머무니라" (행 9:43)

παρά τινι Σίμωνι βυρσεῖ(파라 티니 시모니 뷔르세이)

본문은 짧은 한 절입니다. 내용도 너무나 평범해 보입니다. 더구나 본문의 앞, 9장은 다비다(도르가)를 살리는 기적의 사건이 소개되어 있습니다. 뒤로 10장은 사도행전의 두 번째 지평을 열어 주는 중요한 고넬료 집 방문의 사건이 있습니다. 오늘 본문은 바로 이러한 두 사건 사이에 끼여 있습니다. 9장의 기적에 도취되고, 10장의 고넬료 사건에 흥분한다면, 오늘 본문이 있는지조차 생각하지 못하고 건너뛰기 쉽습니다. 대부분 건너뛸 수밖에 없습니다. 그러나 본문 9장 43절은 사도행전의 거대한 두 지평을 잇는 유일한 교량으로서 매우 중요합니다.

본문을 푸는 열쇠를 제공해 주는 단서는 두 개입니다. 첫째 단서입니다. 사도행전 9장 43절의 "시몬이라 하는"의 원문은 τινι Σίμωνι(티니 시모니)입니다. 여기서 τινι(티니)는 부정대명사로서, '어떤 사람'을 의미합니다. 이러한 원문의 해석을 따라 τινι Σίμωνι(티니 시모니)를 번역하면, '시몬이라고 하는 어떤 사람'입니다. 그러므로 본문의 의미는 베드로가 욥바에 있는 시몬이란 사람을 찾아갔는데, 그 시몬이란 사람은 알려지지 않은 사람, 단지 이름만 "시몬"이라고 알려진 '어떤 사람'입니다. 누군지도 모르는 "시몬(Σίμων)"이란 사람으로 본문을 풀어나갈 수는 없습니다. 풀어낼 단서가 없기 때문입니다.

이제 본문을 푸는 열쇠는 하나가 남았습니다. 저자 누가는 독자들이 이름으로는 이 사람이 누구인지 알 수 없기에, 시몬이란 사람에 대해서 알려주는 추가설명을 합니다. 누가가 전해 주는 시몬에 대한 추가설명은 βυρσεῖ(뷔르세이-무두장이)입니다. βυρσεῖ(뷔르세이)는 개역성경에서는 "피장"으로, 그리고 개역개정 성경에서는 "무두장이"로 번역되었습니다. "무두장이"란 짐승의 날가죽에서 털을 뽑고 기름을 제거한 후, 가죽을 부드럽게 만드는 사람입니다. 가죽 제품을 만드는 직업을 가진 사람입니다. 누가가 알려준 바로 이 단서, βυρσεῖ(뷔르세이), "무두장이"가 본문을 풀어내는 해석의 열쇠입니다.

오늘날도 가죽을 다루는 일은 인기 있는 직업이 아닙니다. 당시에도 이러한 무두장이의 일은 악취가 많이 나고, 폐수도 많이 발생합니다. 직업에 대한 평판도 좋지 않아서 사람들이 꺼리는 직업입니다. 유대인 여자가 한 남성과 결혼을 했습니다. 그런데 결혼한 후에 자기의 남편이 자신에게 무두장이이라는 사실을 속이고 결혼한 것을 알게 되면, 이 여인은 자신의 남편에 대해 이혼 소송을 제기할 수 있었다고 합니다. 무두장이라는 직업이 이혼 소송의 사유가 될 정도였습니다. 이러한 직업적인 특성 때문에 당시의 한 랍비는 이렇게 말했다고 합니다.

"세상이 제혁업자들(무두장이들) 없이 살아가는 것은 불가능하다. 그러나 제혁업자(무두장이)인 그에게는 화로다.”

한마디로, 무두장이는 천대받는 사람입니다. 무두장이는 천민, 당시의 죄인이었기에 “시몬”이라는 이름은 있었지만, 그는 알려지지 않은 ‘어떤 사람’일 수밖에 없었습니다. 본문을 여기까지 해석해 오면, 누가가 놓아 둔 βυρσεῖ(뷔르세이)라는 단서를 통해 한 가지 의문점이 떠오르게 됩니다. 그렇다면, 왜 베드로는 시몬이라고 하는 무두장이, 천민의 집에 머물렀을까?

본문 앞에 기록된 사도행전 9장 36~42절과 연결해서 생각하면, 베드로는 ‘시몬이라고 하는 어떤 무두장이’의 집에 머물 이유가 하나도 없습니다. 오늘 본문의 말씀대로 베드로가 “욥바에 여러 날” 있었다면, 즉 베드로가 욥바에서 여러 날을 머물기로 계획했다면, 베드로는 ‘시몬이라고 하는 어떤 무두장이’의 집이 아니라, 사실은 다비다(도르가)의 집에 머물러야 합니다. 그 집에 머무를 수밖에 없었습니다. 베드로가 다비다를 살려 주었기 때문입니다.

욥바에 머물기로 계획한 베드로가 다비다의 집에 머물러야 하는 두 가지 이유가 있습니다. 첫째는 베드로의 관점입니다. 베드로가 볼 때, 다비다의 집은 최적의 조건을 갖춘 사역지입니다. 먼저, 다비다는 36절 말씀대로, “여제자”입니다. 예수님을 그리스도로 고백하는 신앙인입니다. 또한 “선행과 구제하는 일이 심히 많더니”, 즉 많은 사람들에게 예수 그리스도의 이름으로 선행과 구제를 베푸는 신앙인입니다. 온 욥바 사람들에게 선행과 구제를 베푸는 평판이 아주 좋은, 인정받는 사람입니다. 또한 많은 사람들에게 선행과 구제를 베푼 욥바의 유지이기에 그녀의 집은 크고, 그 집에는 다비다의 선행과 구제를 바라고 찾아오는 많은 사람들로 북적거렸을 것입니다. 다비다는 자신의 집을 찾은 사람들을 정성껏 대접했습니다. 이로 인하여 사람들에게 신뢰도 얻고 있습니다. 다비다의 이런 모습을 뒷받침하는 구절이 몇 군데 있습니다.

> "그때에 (다비다가) 병들어 죽으매 시체를 씻어 다락에 누이니라 룻다가 욥바에서 가까운지라 제자들이 베드로가 거기 있음을 듣고 두 사람을 보내어 지체 말고 와 달라고 간청하여" (행 9:37~38)

사도행전 9장 32~35절에서 베드로는 룻다에서 중풍병자 애니아를 예수 그리스도의 이름으로 일으켜 걷게 합니다. 베드로의 기적의 소문은 사방으로 퍼져나갔습니다. 그리고 룻다에서 약 20km 떨어진 욥바에도 퍼졌습니다. 이 소문이 다비다의 죽음과 어느 정도의 시차가 있는지의 여부는 알 수 없습니다. 베드로의 기적의 소문을 들은 욥바 사람들은 다비다를 살리기 위해 사람을 보내 베드로를 데려옵니다. "지체 말고 와 달라고 간청"합니다(행 9:38). 죽은 다비다를 살리고 싶어 하는 욥바 사람들의 간절한 마음으로 보아 다비다는 그들에게 그만큼 소중한 사람이었습니다.

> "베드로가 일어나 그들과 함께 가서 이르매 그들이 데리고 다락방에 올라가니 모든 과부가 베드로 곁에 서서 울며 도르가가 그들과 함께 있을 때에 지은 속옷과 겉옷을 다 내보이거늘" (행 9:39)

다비다가 욥바 사람들에게 얼마나 지극 정성으로 선행을 베풀고 구제를 했는지, 욥바 사람들은 죽은 다비다 곁을 떠날 줄 모른 채, 울기만 합니다.

> "베드로가 사람을 다 내보내고 무릎을 꿇고 기도하고 돌이켜 시체를 향하여 이르되 다비다야 일어나라 하니 그가 눈을 떠 베드로를 보고 일어나 앉

는지라" (행 9:40)

본문은 베드로가 죽은 다비다의 곁에서 욥바 사람들을 다 내보냈다고 기록합니다. 한글 성경으로는 "베드로가 사람을 다 내보내고"라고 기록하고 있지만, "내보내고"에 해당하는 헬라어 원문의 동사의 의미를 살펴보면, 이 상황을 훨씬 잘 이해할 수 있습니다.

ἐκβαλὼν δὲ ἔξω πάντας ὁ Πέτρος… (에크발론 데 엑소 판타스 호 페트로스 …), (행 9:40), " (그러나) 베드로가 모든 사람들을 밖으로 내쫓은 후에"

본문에서 "베드로가 사람을 다 내보내고"에 해당하는 헬라어 원문의 의미는 '베드로가 모든 사람들을 밖으로 내쫓았다.'는 의미입니다. "내보내다"로 번역된 헬라어 ἐκβαλὼν(에크발론)의 기본형 ἐκβάλω(에크발로)는 '내쫓다'를 의미합니다. "내보내는 것"과 "내쫓는 것"은 그 정도와 강도의 차이가 확연합니다. 나가려고 하지 않는 사람들을 거의 강제로 내쫓았던 것입니다. 이러한 의미를 나타내는 역접의 접속사 δέ(데-그러나)도 표현되었습니다. 잠시 나가 있으라고 했습니다. 그러나 베드로의 말을 듣지 않은 것입니다. 동사, ἐκβάλω(에크발로)가 사용된 예를 보면, 강제성을 의미합니다.

"예수께서 성전에 들어가사 성전 안에서 매매하는 모든 사람들을 **내쫓으시며**(ἐξέβαλεν-엑세발렌) 돈 바꾸는 사람들의 상과 비둘기 파는 사람들의 의자를 둘러 엎으시고"(마 21:12)

"예수께서 각종 병이 든 많은 사람을 고치시며 많은 귀신을 **내쫓으시되**(ἐξέβαλεν-엑세발렌) 귀신이 자기를 알므로 그 말하는 것을 허락하지 아

니하시니라"(막 1:34)

"이에 유대인들이 경건한 귀부인들과 그 시내 유력자들을 선동하여 바울과 바나바를 박해하게 하여 그 지역에서 쫓아내니(ἐξέβαλεν-엑세발렌)"(행 13:50)

이상의 본문에서 보이듯이 이 동사는 예수님께서 성전을 정화하실 때와 귀신을 쫓아내실 때, 그리고 바울이 자신을 증오하는 대적자들에게 쫓겨날 때 사용되었습니다. 모두 단순히 내보내는 것 이상의 '강제'를 의미합니다. 이런 의미로 볼 때, 베드로는 다비다의 곁을 지키고 있는 욥바 사람들을 강제로 밖으로 내쫓았습니다. 그들이 다비다의 곁을 떠나려 하지 않았기 때문입니다. 그들에게 다비다는 그렇게 중요한 사람입니다. 다비다의 집은 그녀에게 은혜를 입어, 그녀를 사랑하는 사람들이 많이 모이는 곳입니다. 전도 대상자가 많습니다. 뿐만 아니라, 그녀는 부자였기에 이 많은 사람들을 수용할 공간도 있습니다. 그들에게 대접할 음식도 있습니다. 이런 곳에서 복음을 증거한다면, 최적의 장소가 아닐까요?

베드로가 다비다의 집에 머무르는 것이 당연해 보이는 두 번째 이유는 다비다의 관점입니다. 다비다는 "여제자"였습니다. 그런 그녀가 예수 그리스도의 사도인 베드로에게 다시 소생케 되는 기적을 경험했습니다. 무엇이든지 베드로에게 보답하고 싶었을 것입니다. 예수 그리스도의 종을 극진히 대접하고자 했을 것입니다. 그런데 그 베드로가 "욥바에 여러 날 있기로" 계획하였습니다. 누가 베드로를 모시려 할까요? 욥바 사람들도 기적의 주인공인 베드로를 모시고 싶어 했습니다. 그러나 결코 모시려 하지는 않았을 것입니다. 다비다에게 많은 도움을 받은 그들은 베드로를 모시는 영광을 다비다에게 기꺼이 양보했을 것입니다. 자신들에게 선행과 구제를 많이 베푼 다비가가 베드로를 모셔서 그녀가 지은 빚을 조금이라도 갚게 해 주고 싶었을 것입니다. 베드로를 모시고자 하는 것이 다비다의 뜻임을 잘 알기에 기쁨으로 다비다에게 양보했을 것입니다.

그런데 왜 베드로는 최상의 전도 환경과 다비다의 간청, 여기에 더하는 욥바 사람들의 간청을 뿌리치고 불결하고 곤궁한, 무두장이 시몬의 집을 선택하여 거기서 머물렀을까요? 앞에서 살펴보았듯이 제혁업은 불결하고 악취가 나고, 폐수가 많이 발생하는 직업이기에 사람들은 무두장이 시몬을 천대했습니다. 당연히 냄새나고 불결한 환경을 조성하는 그와는 가까이 있지 않으려고 했습니다. 그래서 사람들은 무두장이 시몬을 마을에서 멀리 떨어지게 했습니다. 무두장이 시몬의 집이 마을에서 멀리 떨어져 있었음을 알려주는 본문이 있습니다.

> "베드로가 본 바 환상이 무슨 뜻인지 속으로 의아해 하더니 마침 고넬료가 보낸 사람들이 시몬의 집을 **찾아** 문 밖에 서서"(행 10:17)

고넬료가 보낸 사람들은 시몬의 집을 찾았습니다. 본문에 표현된 '찾다'라는 헬라어 표현은 διερωτήσαντες(디에로태산테스, 기본형 διερωτάω, 디에로타오)입니다. 이 단어는 '~을 통하여', '둘 혹은 그 이상의 수'를 의미하는 전치사 διά(디아)와 '묻다', '찾다', '요구하다'는 의미의 동사 ἐρωτάω(에로타오)의 합성어입니다. 그 의미는 '두 번, 혹은 그 이상 물어보다'입니다. 이런 뜻에서 '차례차례 물어보다', '면밀하게 물어보다'는 의미를 가집니다. 고넬료가 보낸 사람들은 무두장이 시몬의 집을 여러 번 물어본 후에 찾았습니다. 그들이 욥바에 초행길이었기 때문이며, 또

한 시몬의 집이 마을에서 떨어진 외딴 곳에 있었기 때문입니다.

왜 베드로는 천대받는, 그리고 지리적으로도 불편한 곳에 위치한 무두장이의 집에 머물렀을까요? 그 좋은 조건과 환경을 뿌리치고 무두장이의 집으로 가야만 하는 무슨 이유가 있었던 것일까요? 그러한 다비다의 집을 거절하고, 천대 받는 무두장이의 집으로 걸음을 돌리는 베드로의 모습 속에서 우리는 그가 소유한 가치관이 어떤 것이었는지 역으로 추론해 볼 수 있습니다. 베드로는 세상이 천대하는 사람, 그래서 '죄인'이 되어버린 무두장이 시몬의 집을 찾아갔습니다. 만일 베드로의 가치관이 세상 것이었다면, 그래서 베드로도 세상 사람들과 같이 시몬을 무두장이라 하여 천대하고 죄인으로 여겼다면, 베드로는 절대로 그의 집에서 머물지 않았을 것입니다. 베드로가 무두장이의 집을 찾아갈 수 있었던 것은 그가 가진 가치관이 세상 것이 아니었기 때문입니다.

베드로는 사람들이 죄인이라고 하는 무두장이와 하나가 됩니다. 친구가 됩니다. 베드로가 무두장이를 죄인으로, 천민으로 여기지 않고 있다는 반증입니다. 베드로의 이 생각, 이 가치관이 진리입니다. 하나님 앞에서 모든 인생은 존귀한 영혼이기 때문입니다. 이것이 베드로의 가치관입니다. 이 가치관을 가지고 있기에 무두장이의 집을 찾아갈 수 있었습니다. 저는 베드로의 이 가치관을 세상 가치관과 다른 하나님의 가치관, 예수 그리스도의 가치관이라고 말합니다. 사람은 어떤 가치관을 가지고 있느냐에 따라 그 삶과 신앙의 모습이 결정됩니다. 하나님의 가치관을 가진 하나님의 사람은 시대의 잘못을 분별하며, 하나님께서 기뻐하시는 일을 만들 수 있습니다.

시대가 알려주는 진리가 거짓이고, 진정한 하나님의 진리가 무엇인지 분별할 수 있는 눈을 가진 베드로는 정말 신실한 제자입니다. 세상 모든 사람들은 무두장이를 죄인이라고 손가락질 합니다. 다비다의 집을 거절하고 무두장이 시몬의 집으로 가는 베드로의 등 뒤에서 욥바 사람들은 '그런 죄인의 집을 찾아간다며'라고 수군거렸을지도 모릅니다. 그러나 베드로는 하나님의 가치관에 따라 세상의 시선과 손가락질에 아랑곳하지 않습니다. '죄인'의 집을 찾아갑니다. 아니 하나님께서 온 천하보다 소중히 여기는 한 생명, 그러나 방치된 한 영혼을 찾아갑니다.

바로 이것이 베드로의 발걸음을 다비다의 집에서 무두장이 시몬의 집으로 돌리게 한 이유입니다. 그러나 이 가치관은 베드로의 것이 아닙니다. 원래부터 베드로에게 있었던 것도 아닙니다. 이러한 마인드, 가치관을 베드로에게 정립시켜 준 두 가지 사건이 있습니다. 하나는 주님의 명령입니다. 또 하나는 주님께서 보여 주신 충격적인 장면입니다. 이 사건들을 통해 베드로는 자신에게 있었던 사람, 세상의 가치관, 사람의 한계를 찢어 넓힐 수 있었습니다. 첫째로, 베드로의 걸음을 돌이키게 한 것은 주님의 명령입니다.

"예수께서 이 열둘을 내보내시며 명하여 이르시되 이방인의 길로도 가지 말고 사마리아인의 고을에도 들어가지 말고 오히려 이스라엘 집의 잃어버린 양에게로 가라"(마 10:5~6)

예수님께서는 12제자를 세우시고, 전도자로 파송하시며 "잃어버린 양에게로 가라."고 명령하셨습니다. 주님에게서 도망하고, 주님을 부인하며, 십자가에 달리신 주님을 멀리서 바라보기만 하던 베드로는 주님의 가슴에 못을 박았습니다. 그리고 비록 목숨은 죽음의 위협을 넘겼지만, 그의 마음에도 배신자라는 못이 박혔습니다. 그런 좌절과 실패에 빠져 있는 베드로를 주님께서 찾아 주셨습니다. 베드로의 지난 부끄러운 과거를 덮어 용서해 주시며 이전의 사명을 새롭게 일깨워주셨습니다. 베드로는 주님의 방문하심(돌보심-ἐπισκέπτομαι, 에피스켑토마이)을 통해 새롭게 힘을 얻어 주님께서 명령하신 '주님의 양'을 치기로 결단하고 일어납니다.

베드로는 이 결단을 하면서, 주님께서 자신을 전도자로 파송하시며 주셨던 유언과도 같은 생명의 말씀을 되새겼습니다. 그 중에 하나가 "잃어버린 양에게로 가라"(마 10:5)는 말씀입니다. 베드로는 주님의 이 유언을 영혼 깊이 새겼습니다. 주님의 이 유언을 기억한 베드로는 다비다의 집으로 갈 수 없습니다. 왜냐하면, 다비다는 '잃어버린 양'이 아니기 때문입니다.

"욥바에 **다비다라 하는 여제자**가 있으니…"(행 9:36)

다비다는 베드로를 통해 다시 살아나기 이전부터 주님의 여제자입니다. 게다가 이제는 베드로를 통해 주님의 큰 권능의 기적을 경험했으니, 그 믿음이 더욱 견고해졌습니다. 이런 다비다를 바라볼 때, 베드로의 영혼 속에는 "잃어버린 양에게로 가라"고 가르쳐 주신 주님의 유언이 메아리쳤을 것입니다. '다비다는 잃어버린 양이 아닌데…' 베드로의 마음에 울리는 이 메아리가 베드로의 발걸음을 돌립니다. 결국 주님께서 베드로의 발걸음을 돌리셨습니다.

두 번째, '잃어버린 양에게로 가리라'고 주님의 유언을 되새기던 베드로는 '예수님께서는 어떻게 하셨을까?'를 고민했을지도 모릅니다. 그러던 중, 지금 자신이 처한 처지와 비슷한 상황에서, 자신이 내려야 할 결정을 이미 내리셨던 예수님의 행동이 떠올랐습니다. 예수님께서 삭개오를 찾아가 그 집에 머무셨던 일입니다.

"예수께서 여리고로 들어가 지나가시더라 삭개오라 이름하는 자가 있으니 세리장이요 또한 부자라 그가 예수께서 어떠한 사람인가 하여 보고자 하되 키가 작고 사람이 많아 할 수 없어 앞으로 달려가서 보기 위하여 돌무화과 나무에 올라가니 이는 예수께서 그리로 지나가시게 됨이러라 예수께서 그 곳에 이르사 쳐다 보시고 이르시되 삭개오야 속히 내려오라 내가 오늘 네 집에 유하여야 하겠다 하시니 급히 내려와 즐거워하며 영접하거늘 뭇 사람이 보고 수군거려 이르되 저가 죄인의 집에 유하러 들어갔도다 하더라 삭개오가 서서 주께 여짜오되 주여 보시옵소서 내 소유의 절반을 가난한 자들에게 주겠사오며 만일 누구의 것을 속여 빼앗은 일이 있으면 네 갑절이나 갚겠나이다 예수께서 이르시되 오늘 구원이 이 집에 이르렀으니 이 사람도 아브라함의 자손임이로다 인자가 온 것은 잃어버린 자를 찾아 구원하려 함이니라" (눅 19:1~10)

주님의 제자였던 베드로도 예수님 바로 옆에서 이 모든 사건을 지켜보았습니다. 그때 예수님께서는 '죄인과 함께 한다는 비난'에도 아랑곳하지 않으시고, 스스로 삭개오의 집을 찾아가 유하셨습니다. 주님의 깊은 마음을 헤아릴 리 없었던 베드로도 분명히 마음속으로 '주님께서 그런 죄인과 함께 머물려고 하시다니…'라고 생각했을 것입니다. 예수님께 탐탁치 못한 표정을 지으며 억지로 삭개오의 집으로 따라 들어갔습니다. 그런데 잠시 후, 베드로는 놀라운 장면을 목격합니다. 주님께서 어떤 말씀을 하시기도 전에, 삭개오가 스스로 감동되어 큰 결단을 내립니다.

"… 주여 보시옵소서 내 소유의 절반을 가난한 자들에게 주겠사오며 만일 누구의 것을 속여 빼앗은 일이 있으면 네 갑절이나 갚겠나이다" (눅 19:8)

실로 놀라운 광경이 아닐 수 없습니다. 삭개오는 동족 유대인에게서

개와 같은 취급을 당해도 버리지 못했던 세리장의 자리, 재물의 욕심을 일순간에 포기합니다. 주님께서 어떤 말씀도 꺼내시지 않았는데, 스스로 결단하고 포기합니다. 일어날 수 없는, 일어날 것 같지 않은 일이 베드로의 눈앞에서 벌어졌습니다. 그렇기에 이 광경은 베드로에게 충격이었습니다. 삭개오를 찾아주신 예수님으로 인하여 일어난 기적에 강한 인상이 각인되었습니다. '나도 나중에 이렇게 전도하리라!'

세상의 죄인까지 찾아가 함께 해 주시는 주님의 사랑이 삭개오를 변화시켰습니다. '아! 이런 것이구나!', 왜 예수님께서 모든 사람들의 손가락질을 받으시면서 삭개오의 집에 들어가셨는지 깨달았습니다. 주님의 말 없으신 모범을 좇아, 베드로는 다비다의 집을 뒤로 하고, 모두가 손가락질 하는 죄인 아닌 죄인, 무두장이 시몬의 집을 찾아갑니다. 이후의 이야기는 기록되어 있지 않지만, 다비다를 살렸다는 소문을 듣고 베드로에 대해 알고 있던 시몬은 그 베드로가 자신의 집을 찾아온 것에 대하여 벅찬 감동을 받아, 베드로가 전도하기도 전에, 마치 삭개오가 그랬던 것처럼, 예수 그리스도를 주로 고백하는 믿음의 사람이 되기로 결단하지 않았을까요?

주님께서 왜 베드로의 마음을 감동시켜 그 좋은 환경의 다비다의 집 대신에 사람들에게 천대받고, 죄인으로 살아가는 시몬의 집으로 보내셨을까요? 시몬을 위로하기 위해서입니다. 예수님께서 삭개오의 집을 찾으신 것도 그를 위로해 주시기 위함입니다. 이 위로는 감동을 낳았고, 감동은 그들을 변화시켰습니다. 바리새인들과 사두개인들은 온갖 욕설과 모욕으로도 삭개오를 변화시키지 못했지만, 주님의 위로는 삭개오를 단번에 변화시켰습니다. 사랑과 위로의 능력입니다.

베드로도 시몬을 위로하기 위해서 그의 집을 찾았습니다. 주님께 위로와 사랑의 능력을 배우고, 경험했기 때문입니다. 한글 성경에는 "시몬 이라 하는 무두장이의 집에서" 베드로가 머물렀다고 기록하고 있습니다. 그러나 헬라어 원문에는 '집'을 의미하는 단어 οἶκος(오이코스)가 기록되어 있지 않습니다. παρά τινι Σίμωνι βυρσεῖ(파라 티니 시모니 뷔르세이), 이 표현은 '곁에, 옆에'를 의미하는 전치사 παρά(파라)에 따라서 '시몬이라고 하는 무두장이 **곁에서**' 머물렀다고 해야 합니다. 분명히 그 의미는 베드로가 무두장이의 집에서 머문 것으로 보입니다. 그런데 왜 '집'이라고 하는 단어 οἶκος(오이코스) 대신에 전치사 παρά(파라)를 사용했을까요? παρά(파라), 이 전치사에 어떤 의미가 담겨 있는 것일까요?

예수님께서 삭개오의 집을 찾아가신 것은 그를 위로하여 하나님의 백성으로 세워 주시기 위함이었습니다. 동일하게 베드로도 무두장이 시몬을 위로하기 위해 찾아갔습니다. 바로 이 '위로'의 의미를 전치사 παρά(파라)가 담고 있습니다. 우리는 예수님을 보혜사, 위로자라고 합니다. 이 표현의 헬라어 단어는 παράκλητος(파라클래토스)입니다. 이 단어는 '곁에, 옆에'를 의미하는 전치사 παρά(파라)와 '부르다'를 의미하는 동사 καλέω(칼레오)의 합성어로서, '곁으로 불러주다, 혹은 곁에서 불러주다'는 의미로 '위로자', '보혜사'를 의미합니다. 그러므로 전치사 παρά(파라)는 '위로'의 의미를 담고 있다고 할 수 있습니다. 베드로는 무두장이를 '위로'하러 그의 집을 찾아갔습니다.

그렇다면, 베드로가 하나님의 가치관을 소유하여 이렇게 멋진 사도로 성숙케 될 수 있었던 본질은 무엇일까요? 오늘 본문 말씀이 우리에게 주는 베드로의 위대함은 무엇일까요? 이 본질, 이 방법을 안다면, 우리도 베드로와 같이 예수 그리스도의 가치관을 소유하고, 이 가치관으로 세상을 분별하며, 주님의 기뻐하시는 일들을 감당할 수 있게 될 것입니다. 베드로가 이렇게 멋진 일을 감당할 수 있었던 것은 그가 잘 나서가 아닙니다. 주님의 유언과 말씀 없으신 모범이 베드로의 걸음을 무두장이 시몬의 집으로 돌려주셨습니다. 많은 사람 중에 다른 어떤 이가 아니라, 바로 베드로가 이 역사의 주인공으로 선택되어 사용될 수 있었던 것은 주님께서 가르쳐 주신 유언을 기억하고, 주님께서 보여 주신 모범을 잘 배우고, 기억하고 그대로 따라 행했기 때문입니다.

본문을 통해 훌륭한 베드로의 모습을 살펴보았습니다. 그러나 베드로가 훌륭한 것이 아니라고 했습니다. 주님께 배우고, 배운 그대로 실천한 베드로가 훌륭하다고 해야 합니다. 이 말을 헬라어로는 제자라고 합니다. 제자란, μαθητής(마쎄태스)입니다. '배우는 자'를 제자라고 합니다. 자신의 생각대로가 아니라, 배운 그대로, 주님께서 가르쳐 주신 그대로 행하는 자를 제자라고 합니다. 주님께서 말씀하시고 보여 주신 그대로 따라한 베드로였기에 놀라운 역사를 만들어냈습니다. 그리고 결국에는 위대한 사도로 세움을 받았습니다.

놀라운 베드로의 모습에 대한 비밀을 살펴보았습니다. 베드로에게만이 아닙니다. 우리도 베드로처럼, 주님께 배운 대로 행한다면, 오늘 본문이 베드로에게 돌리는 영광이 우리에게도, 모범을 따르는 모든 성도에게도 허락될 것입니다. 주님께 잘 배우고, 어떤 장애물과 난관이 있더라도 배운 그대로 잘 따르고 행하여 귀한 일꾼으로 다듬어지기를 기도합니다.

시몬이라 하는 무두장이의 집에서 기도한 베드로

"이튿날 그들이 길을 가다가 그 성에 가까이 갔을 그 때에 베드로가 기도하려고 지붕에 올라가니 그 시각은 제 육 시더라 그가 시장하여 먹고자 하매 사람들이 준비할 때에 황홀한 중에 하늘이 열리며 한 그릇이 내려오는 것을 보니 큰 보자기 같고 네 귀를 매어 땅에 드리웠더라 그 안에는 땅에 있는 각종 네 발 가진 짐승과 기는 것과 공중에 나는 것들이 있더라 또 소리가 있으되 베드로야 일어나 잡아 먹어라 하거늘 베드로가 이르되 주여 그럴 수 없나이다 속되고 깨끗하지 아니한 것을 내가 결코 먹지 아니하였나이다 한대 또 두 번째 소리가 있으되 하나님께서 깨끗하게 하신 것을 네가 속되다 하지 말라 하더라 이런 일이 세 번 있은 후 그 그릇이 곧 하늘로 올려져 가니라 베드로가 본 바 환상이 무슨 뜻인지 속으로 의아해 하더니 마침 고넬료가 보낸 사람들이 시몬의 집을 찾아 문 밖에 서서 불러 묻되 베드로라 하는 시몬이 여기 유숙하느냐 하거늘 베드로가 그 환상에 대하여 생각할 때에 성령께서 그에게 말씀하시되 두 사람이 너를 찾으니 일어나 내려가 의심하지 말고 함께 가라 내가 그들을 보내었느니라 하시니 베드로가 내려가 그 사람들을 보고 이르되 내가 곧 너희가 찾는 사람인데 너희가 무슨 일로 왔느냐 그들이 대답하되 백부장 고넬료는 의인이요 하나님을 경외하는 사람이라 유대 온 족속이 칭찬하더니 그가 거룩한 천사의 지시를 받아 당신을 그 집으로 청하여 말을 들으려 하느니라 한대 베드로가 불러 들여 유숙하게 하니라 이튿날 일어나 그들과 함께 갈새 욥바에서 온 어떤 형제들도 함께 가니라 이튿날 가이사랴에 들어가니 고넬료가 그의 친척과 가까운 친구들을 모아 기다리더니" (행 10:9~24)

그렇다면, 하나님께서는 왜 베드로를 무두장이 시몬의 집으로 보내셨을까요? 여기에 담긴 의미는 무엇일까요? 사도행전 9장 32~35절, 베드로는 룻다에서 중풍병자 애니아를 낫게 하는 기적을 베풉니다. 이를 통해 룻다와 사론에 사는 사람들이 다 그를 보고 주께로 돌아옵니다(행 9:35). 이어서 사도행전 9장 36~42절, 베드로는 욥바에서 죽은 다비다를 살리는 기적을 베풉니다. 이를 통해 온 욥바 사람이 알고 많은 사람이 주를 믿습니다(행 9:42). 얼마의 기간인지는 모르지만, 베드로는 룻다와 욥바에서의 기적과 전도를 통해 능력의 일들을 감당했습니다.

계속되는 사역은 영적인 충전을 필요로 합니다. 예수님께서도 기적과 능력을 베푸신 후 조용한 곳을 찾으셨습니다. 최선의 모습으로 사역을 감당해야 하지만, 기도가 뒷받침되어야 합니다. 보이지 않지만, 기도는 사역을 감당케 하는 근원입니다.

"사도들이 예수께 모여 자기들이 행한 것과 가르친 것을 낱낱이 고하니 이르시되 너희는 따로 한적한 곳에 가서 잠깐 쉬어라 하시니 이는 오고 가는 사람이 많아 음식 먹을 겨를도 없음이라" (막 6:30~31)

영적인 충전을 위해서는, 기도하기 위해서는 무두장이 시몬의 집만한 곳이 없습니다. 베드로의 영적인 충전과 이를 통해 또 다른 사명을 주시기 위해 무두장이 시몬의 집으로 발걸음을 인도하셨습니다. 그곳에서 베드로는 기도하였습니다. 신앙인에게 쉼은 영혼의 충전을 의미합니다. 세상이 알려주는 그런 휴가와 신앙인의 쉼은 개념이 다릅니다. 세상의 휴가의 개념으로 신앙의 휴가를 착각하지 말아야 합니다. 바울은 고린도에서 "주의 말씀에 붙잡혀" 사역했습니다(행 18:5). 너무나 바쁘고 눈코 뜰 새 없었지만, 저는 이것이 바울의 고린도 휴가라고 생각합니다. 또한 바울은 유두고를 살린 드로아에서 "밤중까지", 그리고 "더 오래", 거기에다 "오랫동안 곧 날이 새기까지" 믿음의 사람들과 말씀을 강론하고 한잠 자지 않고 길을 떠납니다. 세상의 눈으로는 피곤한 일이지만, 신앙 안에서는 휴가입니다. 소중한 시간입니다.

"… 베드로가 기도하려고 지붕에 올라가니 …"(행 10:9)

베드로는 무두장이 시몬의 집에서 기도하는 중에 하나님께서 예비하신 환상을 체험합니다. 고넬료도 기도하던 중에 하나님의 환상을 체험하고 베드로를 초청합니다. 기도는 하나님의 뜻을 깨닫고 그 길을 발견하는 시간입니다. 룻다와 욥바에서 쉼 없이 달려온 베드로는 하나님의 뜻을 점검해야 합니다. 하나님의 뜻을 살피지 않으면, 달려가는 이 길이 하나님의 길인지 분별할 수 없습니다. 곧 익숙해져서 판단이 무감각해집니다. 열심히 사역하는 것과 함께 내가 걷고 있는 이 길이 주님의 길에서 벗어나지는 않았는지 살피는 일이 중요합니다. 바로 이것이 주님께서 베드로를 무두장이 시몬의 집으로 보내 기도하게 한 이유입니다.

베드로는 기도하는 가운데 하나님께서 자신을 이방인 고넬료의 집으로 보내시고자 하신다는 것을 깨달았습니다. 그러나 만일 무두장이 시몬의 집이 아니라, 환경과 조건이 좋은 다비다의 집에 머물렀다면 어떻게 되었을까요? 사정은 전혀 달라집니다. 베드로는 기도할 시간을 가질 수 없습니다. 끊임없이 찾아오는 욥바 사람들에게 복음을 증거하느라고 환상을 체험할 시간을 가지지 못합니다. 결국 고넬료의 집으로 인도함을 받지 못할 수도 있습니다.

사실 무두장이 시몬의 집에서 체험한 이 환상(행 9:9~16)이 아니었다면, 베드로는 고넬료가 보낸 사람들을 따라 그의 집으로 가지 않았을 것입니다. 하나님께서도 베드로가 이런 마음을 가지고 있다는 것을 잘 아셨습니다. 베드로를 고넬료의 집으로 보내야 하는데, 하나님께서는 그가 가려 하지 않는다는 것을 잘 아셨기에 베드로의 생각을 변화시켜 고넬료의 집으로 보내시려고 무두장이 시몬의 집을 택해 준비 작업을 하신 것입니다. 하나님의 이러한 준비 작업, 환상을 보여 주시는 일이 없었다면 베드로가 이방인의 집에 가지 않았을 것을 보여 주는 본문이 있습니다.

"이르되 유대인으로서 이방인과 교제하며 가까이 하는 것이 위법인 줄은 너희도 알거니와 하나님께서 내게 지시하사 아무도 속되다 하거나 깨끗하지 않다 하지 말라 하시기로 부름을 사양하지 아니하고 왔노라…"(행 10:28~29)

베드로는 "이방인과 교제하며 가까이 하는 것"을 "위법"으로 여기고 있습니다. 하나님의 개입 없이는 이방인, 고넬료의 집을 찾아가지 않았을 것입니다. 하나님께서 환상을 통해 이런 베드로를 변화시켜 주셨습니다. 하나님의 인도하심에 따라서, 베드로는 자신의 판단, 자신이 여기고 있던 속되고 깨끗하지 않은 것들의 기준을 포기합니다. 그리고 하나님의 부르심에 순종하여 고넬료의 집으로 갑니다. 거기서 그는 고넬료와 같은 이방인을 향하신 하나님의 놀라우신 계획을 발견합니다. "위법"인 줄 알았던 이방인의 선교에 대한 인식의 변화를 얻게 됩니다.

"베드로가 입을 열어 말하되 내가 참으로 하나님은 사람의 외모를 보지 아니하시고 각 나라 중 하나님을 경외하며 의를 행하는 사람은 다 받으시는 줄 깨달았도다"(행 10:34~35)

그러나 베드로는 이 일로 인해서 적지 않은 어려움을 겪게 됩니다.

"유대에 있는 사도들과 형제들이 이방인들도 하나님의 말씀을 받았다 함을 들었더니 베드로가 예루살렘에 올라갔을 때에 할례자들이 비난하여 이르되 네가 무할례자의 집에 들어가 함께 먹었다 하니"(행 11:1~3)

그리스도인이 되었지만 여전히, 아직도 과거 유대교의 전통을 버리지 못하고 '율법과 할례'를 구원의 도구로 삼는 '유대교화주의자'들에게 공격을 당합니다. 베드로는 이 비난에 대해 사도행전 11장 4~17절에서 그동안 있었던 이야기를 자세히 설명합니다. 그러면서 유대교화주의자들에게 자신의 결론을 말합니다.

"그런즉 하나님이 우리가 주 예수 그리스도를 믿을 때에 주신 것과 같은 선물을 그들에게도 주셨으니 내가 누구이기에 하나님을 능히 막겠느냐 하더라"(행 11:17)

베드로는 호된 어려움을 치렀습니다. 그제야 자신이 행한 이방선교에 대한 비난과 정죄를 면하게 됩니다. 호된 비난과 정죄의 시간을 겪고 나서야 면했습니다.

"그들이 이 말을 듣고 잠잠하여 하나님께 영광을 돌려 이르되 그러면 하나님께서 이방인에게도 생명 얻는 회개를 주셨도다 하니라"(행 11:18)

베드로를 통해 이방선교의 문이 공식적으로 열리는 순간입니다. 하나님께서는 이방선교의 문을 열게 하기 위하여 베드로를 다비다의 집이 아니라, 무두장이 시몬의 집으로 보내셨습니다. 그곳에서 베드로에게 기도하게 하셨습니다. 기도하는 가운데 환상을 보여 주셨습니다. 이 환상을 통해 이방선교에 대한 베드로의 편견을 제거해 주셨습니다. 그리고 고넬료, 이방인을 찾아가게 하셨습니다.

우리는 사도 바울을 '이방인의 사도'라고 부릅니다. 그러나 사실은 베드로가 이방선교를 먼저 시작했습니다. 이방선교의 문을 공식적으로 연 것은 베드로입니다. 이 일은 바울이 결코 감당할 수 없는 일입니다. 반드시 베드로가 감당해야 합니다. 만일 이방선교의 문을 바울이 열고자 했다면 어떻게 되었을까요? 분명히 이방선교의 문은 열리지도 못한 채, 굳게 닫혀버리고 말았을 것입니다. 폐쇄되어 버렸을 것입니다. 베드로 정도의 지위를 가진 사도도 고넬료의 집을 찾아가 이방선교를 했다는 이유로 예루살렘 교회에서 많은 사람들에게 "비난"(행 11:2)을 당했습니다.

"베드로가 예루살렘에 올라갔을 때에 할례자들이 **비난하여**"(행 11:2)

베드로가 당한 "비난"의 의미는 본문의 헬라어 동사 διακρίνω(디아크리노)를 통해 그 의미의 정도를 살펴볼 수 있습니다. '~통하여'와 '둘-two'을 의미하는 διά(디아)와 '심판하다'는 기본적인 의미를 가지는 κρίνω(크리노)의 합성동사로서, '자신을 상대와 따로 구별하다, 분리하다'는 의미입니다. 그러므로 할례자들의 비난은 '자신들은 옳고 베드로는 잘못된 일을 하였다.', '베드로를 분리해 내야 한다.'는 강한 적대감입니다. 이단정죄입니다. 베드로 정도 되었으니 겨우 막아낼 수 있었습니다.

바울은 바울서신을 통해 끊임없이 자신의 사도권을 변호합니다. 이러한 바울의 사도권 변호는 초대교회에서 바울의 지위가 어떤 위치였는가를 보여 줍니다. 이런 바울이 이방선교를 시작하였다면, 저들은 바울의 변론은 고사하고, 한마디도 듣지 않을 것입니다. 무조건 바울을 비난하고 공격할 것입니다. 그리고는 바울을 자신들에게서 분리해 내고, 정죄하고 말 것입니다. 그리고 이방선교의 문은 닫혀 버리고 말았을 것입니다. 이방선교의 문은 바울이 아니라, 베드로만이 열 수 있었던 문입니다. 그 대신 바울은 이렇게 열려진 이방선교의 문으로 들어갔습니다. 스데반의 순교로 유대를 넘어선 예수 그리스도의 복음은 이제 이방인의 사도, 바울을 통해 본격적인 이방선교의 이야기로 전개됩니다.

세상의 손가락질 받던 무두장이 시몬, 그의 집이 이 놀라운 역사의 현장, 출발지로 사용되었습니다. 사도행전의 큰 두 축 중 하나인 유대선교가 본문 사도행전 9장 43절이라는 좁은 다리 위를 지나 새로운 지평, 사도행전의 나머지 한 축인 이방 선교로 연결됩니다. 본문은 사도행전이 유대 선교에서 본격적인 이방인 선교로 넘어가는 접촉점을 제공하는 통로입니다. 이 다리는 무두장이 시몬이 장소를 제공했고, 베드로는 그 안에서 길을 닦았습니다.

주님께서 무두장이 시몬의 집을 택하신 데에는 또 하나의 깊은 의미가 있습니다. 그의 집은 욥바에 있습니다. 욥바의 잃어버린 양, 무두장이 시몬을 주님께서 택하셨습니다. 왜 이 모든 일이 '욥바'에서 일어났을까요? 왜 이방선교의 출발지가 욥바였을까요? 왜 주님께서는 이방선교의 출발지를 '욥바'로 정하셨을까요?

"여호와의 말씀이 아밋대의 아들 요나에게 임하니라 이르시되 너는 일어나 저 큰 성읍 니느웨로 가서 그것을 향하여 외치라 그 악독이 내 앞에 상달되었음이니라 하시니라 그러나 요나가 여호와의 얼굴을 피하려고 일어나 다시스로 도망하려 하여 욥바로 내려갔더니 마침 다시스로 가는 배를 만난

지라 여호와의 얼굴을 피하여 그들과 함께 다시스로 가려고 배삯을 주고 배에 올랐더라"(욘 1:1~3)

하나님의 이방선교의 계획이 요나로 인해 연기된 곳이 바로 욥바였습니다. 요나는 이방선교를 계획하신 하나님의 뜻을 거역하고 욥바를 통해 다시스로 도망갔습니다. 물론 큰물고기를 준비하신 하나님께서 요나를 니느웨로 보내셨습니다. 많은 시간이 지난 뒤, 하나님께서 또 이방선교를 계획하셨습니다. 어디에서 시작되어야 할까요? 욥바입니다. 요나로 인해 지연되었던 욥바에서 이방선교가 다시 시작되어야 합니다.

믿음의 사람들이 세상을 살면서, 신앙의 삶을 살면서 실패하고, 부족한 모습으로 자신의 사명과 직분을 감당하지 못해서 주저앉거나 실패합니다. 우리가 일어설 자리가 어디일까요? 욥바입니다. 내가 주저앉은 곳에서 다시 하나님을 향해 일어나야 합니다. 내가 실패한 신앙의 자리, 욥바에서 다시 일어나 하나님께 나아가야 합니다. 감당 못해 주저앉아 버린 사명과 직분이 있습니까? 그 자리에서 다시 일어나야 합니다. 주저앉은 곳에서 다시 일어서게 하시는 하나님! 실패한 곳에서 다시 세워주시는 하나님이십니다!

바울의 면류관 I
더베 사람 가이오

"그들이 이 말을 듣고 분노가 가득하여 외쳐 이르되 크다 에베소 사람의 아데미여 하니 온 시내가 요란하여 바울과 같이 다니는 마게도냐 사람 가이오와 아리스다고를 붙들어 일제히 연극장으로 달려 들어가는지라 바울이 백성 가운데로 들어가고자 하나 제자들이 말리고 또 아시아 관리 중에 바울의 친구된 어떤 이들이 그에게 통지하여 연극장에 들어가지 말라 권하더라"(행 19:28~31)

"(에베소) 소요가 그치매 바울은 제자들을 불러 권한 후에 작별하고 떠나 마게도냐로 가니라 그 지방으로 다녀가며 여러 말로 제자들에게 권하고 헬라에 이르러 거기 석 달 동안 있다가 배 타고 수리아로 가고자 할 그 때에 유대인들이 자기를 해하려고 공모하므로 마게도냐를 거쳐 돌아가기로 작정하니 아시아까지 함께 가는 자는 베뢰아 사람 부로의 아들 소바더와 데살로니가 사람 아리스다고와 세군도와 더베 사람 가이오와 및 디모데와 아시아 사람 두기고와 드로비모라 그들은 먼저 가서 드로아에서 우리를 기다리더라"(행 20:1~5)

본문에 소개된 바울의 제자, 동역자들은 바울이 맺은 열매입니다. 그러므로 이들은 바울에게는 바울의 사역을 나타내는 기념패와 같은 성도들입니다. 빌립보서의 말씀을 인용한다면, 이들은 바울의 면류관입니다.

"그러므로 나의 사랑하고 사모하는 형제들, 나의 기쁨이요 면류관인 사랑하는 자들아 이와 같이 주 안에 서라"(빌 4:1)

바울은 아시아의 대도시 에베소에서 전도했습니다. 바울의 에베소 전도로 인하여 아데미 우상을 제작하는 사람들은 큰 위기를 맞이합니다. 그러자 데메드리오라는 사람은 "영업이 천하여질 위험이 있을 뿐 아니라 큰 여신 아데미의 신전도 무시당하게 되고 온 아시아와 천하가 위하는 그의 위엄도 떨어지게" 되었다며 아데미 신상 모형을 만드는 직공들을 선동합니다(행 19:27). 결국 이들은 불만을 터뜨렸고, 바울을 잡아서 죽이려고 합니다. 그러나 바울을 찾지 못했습니다.

"온 시내가 요란하여 바울과 같이 다니는 마게도냐 사람 가이오와 아리스다고를 붙들어 일제히 연극장으로 달려 들어가는지라"(행 19:29)

가이오와 아리스다고도 분명히 에베소에서 바울과 함께 있었을 텐데, 바울은 잡히지 않고, 이들만 성난 군중에게 잡혔습니다. 아마도 가이오와 아리스다고, 그리고 그 외의 제자들이 바울을 피신시켜 놓고 바울 대신에 잡힌 것이 아닌가 봅니다. 이렇다면, 가이오와 아리스다고는 스승인 바울의 목숨을 위해서 자신들의 목숨을 내놓은 것입니다. 가이오와 아리스다고가 어떤 사람이었기에 자신들의 목숨을 바울을 위해서 내놓을 수 있었을까요?

먼저 가이오입니다. 사도행전 19장 29절은 그를 아리스다고와 함께 마게도냐 사람이라고 기록합니다. 아리스다고가 마게도냐의 데살로니가 사람인 것은 확실하지만, 가이오의 경우에는 조금 다릅니다. 사도행전 20장 4절을 보면 가이오는 "더베 사람"입니다. 물론 사도행전 19장 28절의 가이오는 마게도냐 사람 가이오로서 사도행전 20장 4절의 가이오와 다르다는 의견이 있습니다. 그러나 사도행전 19장과 20장에서 동일하게 아리스다고와 동행하고 있는 것으로 보아 동일한 인물이라고 판단됩니다. 그러므로 사도행전 19장 28절에서 바울을 위해 대신 잡혀 연극장으로 끌려간 가이오도 "더베 사람"이라고 보는 것이 적절합니다. 이렇게 보면, 우리는 가이오에 대해서 추적할 단서를 얻게 됩니다. "더베"라는 지명이 그가 어떤 사람이었는지를 알려주는 단서입니다. 사도행전 14장 20절에 "더베"라는 지명이 언급됩니다.

> "제자들이 둘러섰을 때에 바울이 일어나 성에 들어갔다가 이튿날 바나바와 함께 **더베로 가서** 복음을 그 성에서 전하여 많은 사람을 제자로 삼고…" (행 14:20~21)

바울은 더베에 가서 전도하여 많은 사람을 제자로 삼았습니다. 그 제자들 중 한 사람이 오늘 본문에 기록된 가이오입니다. 본문을 이렇게 해석하면 "가이오"는 바울에게 늘 있었던 전도 가운데 하나의 열매 정도로 비춰지게 됩니다. 바울의 전도에서 중요하지 않은 열매가 없겠지만, 그럼에도 우리에게는 왠지 그렇게 들립니다. 그러나 바울에게 가이오는 너무나도 중요한 열매입니다. 바울의 더베 전도에 대해서 살펴보면, 가이오는 하나님께서 바울에게 주신 위로의 선물이며, 바울에게는 고난의 시련을 이겨내고 맺은 소중한 열매라는 것을 알 수 있습니다. 이러한 의미를 짚어 보기 위해서는 바울의 더베 전도 바로 앞에 있었던 사도행전 14장 8~20절의 바울의 루스드라 전도를 먼저 살펴보아야 합니다.

> "루스드라에 발을 쓰지 못하는 한 사람이 앉아 있는데 나면서 걷지 못하게 되어 걸어 본 적이 없는 자라 바울이 말하는 것을 듣거늘 바울이 주목

하여 구원 받을 만한 믿음이 그에게 있는 것을 보고 큰 소리로 이르되 네 발로 바로 일어서라 하니 그 사람이 일어나 걷는지라"(행 14:8~10)

사도 바울은 루스드라의 앉은뱅이를 고쳐줍니다. 이로 인해 바울과 바나바는 그들에게서 현현된 신으로 대우받습니다.

"무리가 바울이 한 일을 보고 루가오니아 방언으로 소리 질러 이르되 신들이 사람의 형상으로 우리 가운데 내려오셨다 하여 바나바는 제우스라 하고 바울은 그 중에 말하는 자이므로 헤르메스라 하더라"(행 14:11~12)

루스드라 사람들은 말씀으로 명하여 앉은뱅이를 고치는 바울을 신이 사람의 형상으로 내려온 것이라고 믿습니다. 특별히 바울을 "헤르메스"라고 부릅니다. "헤르메스"(Ἑρμῆς)는 신들의 사자이며 제우스의 대변자이고, 웅변가입니다. 전설에 따르면, 그는 언어의 창조자라고 합니다. 이러한 의미에서 영어 hermeneutics(해석학)가 유래합니다. 앉은뱅이를 향하여 담대하게 선포하는 바울의 웅변이 루스드라 사람들에게 강한 인상을 남긴 듯합니다.

루스드라 사람들은 바울과 바나바를 신의 현현으로 믿었기에 그들은 바나바와 바울을 제우스와 헤르메스 신으로 칭송하며 그들에게 제사를 올리려고 합니다. 물론 바울과 바나바는 이 참담한 상황을 직시하고 곧바로 행동을 취합니다. 이전에 베드로가 성전 미문에서 앉은뱅이를 고치자, 사람들이 자신에게 주목하였을 때, 즉각적으로 이를 만류하고 경계한 것과 동일합니다.

"두 사도 바나바와 바울이 듣고 옷을 찢고 무리 가운데 뛰어 들어가서 소리 질러"(행 14:14)

두 사도는 즉시 옷을 찢었습니다. 그리고 소리를 지르며 15~18절의 설교를 전하고 겨우 말려서 자기들에게 제사를 못하게 합니다. 절대 그럴 리 없지만, 이때 바나바와 바울이 눈 한 번만 감고 저들의 제사를 용납했다면, 두 사도는 저들에게 신과 같은 대우를 받고 그러한 명예와 인기, 그리고 부까지도 얻을 수 있습니다. 그러나 두 사도는 대우와 명예, 인기, 그리고 부를 바라고 하는 복음 전도의 사역이 아니었기에 단호하게 거절하고 온 힘을 다하여 말렸습니다. 또한 루스드라 사람들이 자신들을 신과 같이 여긴다면, 이러한 힘을 이용해 저들에게 전도하기 쉬울 것이라고 생각하여 저들의 제사를 받아들일 수도 있었을 텐데, 두 사도는 이러한 사람의 방법까지도 분명하게 구별하고 선을 그어 버립니다.

자신들에게 제사를 드리려는 사람들을 겨우 말린 두 사도에게 이제 남겨진 일은 무엇일까요? 복음 증거입니다. 자신들을 신으로 여겨 제사하려던 일을 말리는 통에 아직 복음을 증거하지 못했습니다. 이제야 두 사도는 루스드라 사람들에게 예수 그리스도의 복음, 하나님의 은혜를 증거할 수 있게 되었습니다. 그런데 바로 이때 큰 일이 벌어지고 맙니다.

> "유대인들이 안디옥과 이고니온에서 와서 무리를 충동하니 그들이 돌로 바울을 쳐서 죽은 줄로 알고 시외로 끌어 내치니라"(행 14:19)

이 말씀, 19절이 앞의 상황과 이어져 있다는 것은 20절, "바울이 일어나 그 성에 들어갔다가"에서 말씀하고 있듯이, "그 성"(20절)과 "루스드라"가 동일한 장소라는 것을 보아 알 수 있습니다. 또한 원문을 보면 이 부분은 이렇게 기록되어 있습니다.

Ἐπῆλθαν δὲ ἀπὸ Ἀντιοχείας καὶ Ἰκονίου Ἰουδαῖοι…
(에펠싼 데 아포 안티오케이아스 카이 이코니우 유다이오이, 행 14:19)

원문에서 19절을 이전의 상황과 연결시켜 주는 표현은 δέ(데)입니다. δέ(데)는 기본적으로는 접속사로서 역접의 '그러나', 순접의 '그리고'의 의미를 가지며, 문장과 문장을 부드럽게 이어 주는 구실을 하기도 합니다. 그중 역접의 기능은 장면을 환기시키면서 앞부분과는 다른 현재의 상황으로서 '지금', '그때'의 의미를 가지기도 합니다. 본문에서 기록된 δέ(데)는 바로 이러한 의미로 해석됩니다. 이러므로 앞부분의 상황과 연결 지어 살펴볼 수 있습니다.

사도행전 14장 19절의 원문을 직역한다면,

"바로 그때 안디옥과 이고니온에서 유대인들이 이르러서(당도해서, 도착해서)…" (행 14:19)

"바로 그때"는 언제입니까? 복음을 증거하러 루스드라를 찾은 바나바와 바울이 앉은뱅이를 일으키는 기적을 베푼 후, 이로 인해 자신들을 신으로 여기고 제사하려는 루스드라 사람들을 겨우 뜯어 말린 후, 이제 본격적으로 루스드라를 찾은 목적, 곧 복음을 막 증거하려는 그때에 안디옥과 이고니온에서 온 유대인들이 바울을 잡아 돌로 쳤습니다. 그렇다면 안디옥과 이고니온에서 온 유대인들은 누구입니까? 왜 바울을 그 먼 곳까지 따라와 잡아 돌로 쳤을까요? 안디옥과 이고니온은 바울이 루스드라에 오기 전에, 그리고 그 전에 복음을 증거했던 곳입니다.

"바울과 및 동행하는 사람들이 바보에서 배타고 밤빌리아에 있는 버가에 이르니 요한은 그들에게서 떠나 예루살렘으로 돌아가고 그들은 버가에서 더 나아가 **비시디아 안디옥**에 이르러 안식일에 회당에 들어가 앉으니라 율법과 선지자의 글을 읽은 후에 회당장이 사람을 보내어 물어 이르되 형제들아 만일 백성을 권할 말이 있거든 말하라 하니 바울이 일어나 손짓하며 말하되 이스라엘 사람들과 및 하나님을 경외하는 사람들아 들으라(행 13:13~16) … 유대인들이 그 무리를 보고 시기가 가득하여 바울이 말한 것을 반박하고 비방하거늘(행 13:45)… 이에 유대인들이 경건한 귀부인들과 그 시내 유력자들을 선동하여 바울과 바나바를 박해하게 하여 그 지역에서 쫓아내니 두 사람이 그들을 향하여 발의 티끌을 털어 버리고 **이고니온으로** 가거늘"(행 13:50~51)

바울은 비시디아 안디옥에서 유대인들에게 쫓겨났습니다. 비시디아 안디옥을 떠나 이고니온으로 옮겨 간 바울은 그곳에서도 비슷한 상황에 처합니다.

"이에 **이고니온에서** 두 사도가 함께 유대인의 회당에 들어가 말하니 유대와 헬라의 허다한 무리가 믿더라 그러나 순종하지 아니하는 유대인들이 이방인들의 마음을 선동하여 형제들에게 악감을 품게 하거늘 … 이방인과 유대인과 그 관리들이 두 사도를 모욕하며 돌로 치려고 달려드니 그들이 알고 도망하여 루가오니아의 두 성 루스드라와 더베와 그 근방으로 가서 거기서 복음을 전하니라"(행 14:1~7)

바울과 바나바는 비시디아 안디옥에서는 쫓겨났지만, 이고니온에서는 돌에 맞을 뻔 했습니다. 그런데 이 두 지역의 유대인들은 바울을 해하지 못한 것이 참을 수 없었던 모양입니다. 그래서 비시디아 안디옥에서 이고니온을 거쳐 루스드라로 옮겨온 바울을 쫓아와 기어코 바울을 잡아 돌을 던져 죽였습니다. 그리고 시외로 끌어 내쳤습니다. 사도행전 14장 19절의 "안디옥과 이고니온에서 온 유대인"들은 바로 이 사람들입니다.

그들이 얼마나 돌을 던졌는지 본문은 "그들이 돌로 바울을 쳐서 죽은 줄로" 알았다고 말씀합니다. 그들은 바울이 자신들이 던진 돌에 맞아 죽었다고 생각했던 것입니다. 뿐만 아니라 바울과 함께 했던 제자들도 바울이 죽은 줄로 알았던 것 같습니다.

"제자들이 둘러섰을 때에…"(행 14:20)

제자들은 돌에 맞아 피투성이가 된 채로 땅바닥에 팽개쳐진 바울을 그저 바라보며 둘러섰습니다. 스승의 주검을 둘러서서 울기만 합니다. 그런데 기적적인 일이 일어납니다. "제자들이 둘러섰을 때", '그러나(바로 그때)-δέ(데)' 바울이 살아납니다. 살아나기는 했지만, 죽었다가 살아난 것이니 바울의 상처와 상태가 어느 정도일지는 상상이 갑니다. 빨리 치료할 곳을 찾아 적어도 몇 달은 요양을 하며 몸을 돌봐야 합니다. 그런데 그런 몸으로 "바울이 일어나" 한 일은 자신의 몸을 돌보기 위해 병원을 찾은 것이 아니었습니다.

"그 성에 들어갔다가…"(행 14:20)

그 성, 루스드라 성으로 들어갑니다. 상한 몸을 치료하기 위해 루스드라로 들어갔을까요? 그렇다면, 적어도 며칠이라도 그곳에 머물렀을 것입니다. 그런데

"… 이튿날 바나바와 함께 더베로 가서"(행 14:20)

"이튿날 바나바와 함께 더베로 가서", 곧 이튿날 루스드라 성을 떠났다는 것을 볼 때, 바울이 루스드라로 들어간 것은 자신의 몸을 치료하기 위해서 들어간 것은 아닙니다. 그렇다면, 왜 바울은 그 몸으로 루스

드라로 들어갔을까요? 어쩌면, 안디옥과 이고니온에서 쫓아와 바울을 죽인 그 유대인들이 기쁨의 잔치를 벌이고 있을지도 모르는 그곳, 자신이 처참한 봉변을 당한, 떠올리기도 싫은 참담한 곳, 루스드라로 들어갔을까요? 할 일이 남아 있기 때문입니다. 복음 증거입니다. 바울이 그 몸을 이끌고 루스드라로 들어간 것이 못 전한 복음을 증거하기 위함이었다는 것을 증언하는 말씀이 있습니다.

> "… 이튿날 바나바와 함께 더베로 가서 복음을 그 성에서 전하여 많은 사람을 제자로 삼고…"(행 14:20~21)

바울은 루스드라에 들어간 다음 날 루스드라를 떠납니다. 그는 더베로 가서 그 몸으로 복음을 증거합니다. 그렇다면, 그 전날에 그 몸으로 루스드라에 들어간 바울이 그곳에서 한 일이 무엇이겠습니까? 복음 증거입니다. 그 몸으로 말입니다. 또한 바울이 루스드라에서 겪은 정황도 그의 전도 사역을 생각하게 해 줍니다. 앞서 바울은 루스드라 사람들이 자신들에게 제사하려는 것을 겨우 말렸을 뿐, 정작 루스드라를 찾은 목적인 복음 증거는 하지 못했습니다. 전하지 못한 복음을 증거하러 그 몸으로 루스드라에 들어갑니다. 그 몸으로는 안 된다고 제자들이 얼마나 말렸을까요? 말린다고 바울이 성령께서 주시는 음성을 잠시라도 접을 사도입니까? 후에 바울은 밀레도에서, 그리고 가이사랴에서도 제자들과 동행자들의 만류를 뿌리칩니다.

> "보라 이제 나는 성령에 매여 예루살렘으로 가는데 거기서 무슨 일을 당할는지 알지 못하노라 오직 성령이 각 성에서 내게 증언하여 결박과 환난이 나를 기다린다 하시나 내가 달려갈 길과 주 예수께 받은 사명 곧 하나님의 은혜의 복음을 증언하는 일을 마치려 함에는 나의 생명조차 조금도

귀한 것으로 여기지 아니하노라"(행 20:22~24)

"우리가 그 말을 듣고 그 곳 사람들과 더불어 바울에게 예루살렘으로 올라가지 말라 권하니 바울이 대답하되 여러분이 어찌하여 울어 내 마음을 상하게 하느냐 나는 주 예수의 이름을 위하여 결박 당할 뿐 아니라 예루살렘에서 죽을 것도 각오하였노라 하니"(행 21:12~13)

죽었다 살아난 바울은 다시 루스드라로 들어가 복음을 전합니다. 이 튿날 더베로 가서 또 복음을 전합니다. 그리고 많은 사람을 제자로 삼습니다. 바울에게 귀하지 않고, 소중하지 않은 제자는 없습니다. 바울이 세운 모든 제자가 다 하나님의 은혜와 강권적인 역사하심으로 맺어진 열매입니다. 그들을 볼 때마다 바울은 그렇게 감동할 것입니다. 그러나 바울이 더베에서 세운 제자는 이런 감동보다 몇 배, 몇십 배 더 큰 감격의 열매입니다. 두 가지 이유에서 그렇습니다.

먼저, 바울의 관점입니다. 그렇게 다 죽은 몸으로 목숨도 아끼지 않고 전도하여 맺은 열매가 더베의 제자들입니다. 둘째로, 더베의 제자들은 바울이 아니라, 사실은 하나님께서 바울에게 주신 위로의 선물이라고 보아야 합니다. 그 몸으로 다시 루스드라로 들어가서 전도하는 바울, 그리고 또 더베로 가서 전도하는 바울을 바라보시며 하나님의 마음이 얼마나 아프시면서 기쁘셨을까요? 그런 몸으로 전도하는 바울을 보시면서요.

하나님께서 바울에게 무엇이든지 상급과 위로를 주시고 싶으셨을 것입니다. 무엇으로 주셨을까요? 재물과 지위, 명예와 인기일까요? 이런 것들은 하나님께 낮은 위로와 상급입니다. 그리고 바울도 이런 것 얻으려 전도하고 목숨을 아끼지 않은 것이 아닙니다. 하나님께서 주실 수 있는 최고의 위로와 상급, 곧 바울이 받았을 때 가장 기뻐할 위로와 상급의 선물은 전도의 열매, 복음 증거의 열매입니다. 그 열매, 하나님께서 다 죽을 몸으로 전도하는 바울에게 주시는 위로와 상급의 열매가 바로 더베의 제자들입니다. 바로 오늘 본문의 가이오입니다. 바울은 가이오를 생각할 때마다, 그와 동행할 때마다 이 모든 고난의 일들을 기억하며 하나님께 얼마나 감격하고, 감사드렸겠습니까! 모든 제자가 다 그렇지만, 가이오는 특별히 더합니다. 목숨도 아끼지 아니하는 바울의 전도의 모습을 새겨주는 기념패, 빌립보서 4장 1절이 말씀하는 "바울의 면류관"입니다.

가이오가 더베로 전도하러 온 바울을 보았습니다. 그런데 이상했습니다. 온 몸이 터지고 찢긴 바울이 복음을 전하는 것을 보고는 정신병자인줄 알았습니다. 그런데 점점 바울을 바라보며 감동하지 않을 수 없습니다. 저런 몸으로 증거하는 복음, 예수 그리스도를 들으면서, 그분이 자신이 믿고 구원받아야 할 분임을 느끼게 되었습니다. 저렇게 목숨을 아끼지 않고 증거하는 예수라면, 사람들이 가장 귀하게 여기는 생명보다 더 귀한 그 무엇이 있을 것이라는 것을 직감적으로 깨닫습니다. 목숨을 아끼지 않고 복음을 증거하는 바울을 바라보며 주님을 영접하고, 자신도 그렇게 주의 일에 충성하리라 다짐합니다.

그 스승 밑에 그 제자입니다. 에베소에서 죽음의 위협에 빠진 스승 바울을 위해 자신도 목숨을 내어놓고 바울을 피신시키고 대신 잡혀 연극장으로 끌려가고 말았습니다. 목숨도 아끼지 않고 복음을 증거하는 스승 밑에서 목숨을 아끼지 않고 주님의 일을 위해 스승 바울을 지키려는 제자 가이오가 나왔습니다. "더베 사람 가이오"를 보면서 바울이 어떻게 전도했을지 그 모습을 그릴 수 있습니다. 그리고 하나님께서 그런 전도자에게 주시는 상급과 위로가 무엇인지도 볼 수 있습니다.

"나의 동역자 디모데와 나의 친척 누기오와 야손과 소시바더가 너희에게 문안하느니라 이 편지를 기록하는 나 더디오도 주 안에서 너희에게 문안하노라 나와 온 교회를 돌보아 주는 **가이오**도 너희에게 문안하고 이 성의 재무관 에라스도와 형제 구아도도 너희에게 문안하느니라"(롬 16:21~23)

"그리스도께서 어찌 나뉘었느냐 바울이 너희를 위하여 십자가에 못 박혔으며 바울의 이름으로 너희가 세례를 받았느냐 나는 그리스보와 **가이오** 외에는 너희 중 아무에게도 내가 세례를 베풀지 아니한 것을 감사하노니 이는 아무도 나의 이름으로 세례를 받았다 말하지 못하게 하려 함이라"(고전 1:13~15)

더베 사람 가이오, 그는 바울의 기념패, 바울의 면류관입니다. 세상을 신앙으로 살아가면서 이런 제자 한 명 세운다면, 전도하여 이런 사람 한 명 세운다면, 그는 나의 기념패, 나의 면류관이 되어 줄 것입니다. 나의 온 삶과 온 신앙을 다 투자하여 가이오와 같은 사람을 한 명만 세울 수 있다면 얼마나 행복할까요! 오늘 대한민국 교회에 필요한 전도는 이런 전도입니다. 세상적인 가치에서 나온 비유이기는 하지만, 이런 예가 적절하리라 생각됩니다. 은메달 백 개도 금메달 하나를 당할 수 없습니다. 금메달을 세우는 전도가 요청되는 시대를 살고 있습니다.

바울의 면류관 Ⅱ
마게도냐의 데살로니가 사람 아리스다고

"… 그들이 이 말을 듣고 분노가 가득하여 외쳐 이르되 크다 에베소 사람의 아데미여 하니 온 시내가 요란하여 바울과 같이 다니는 마게도냐 사람 가이오와 아리스다고를 붙들어 일제히 연극장으로 달려 들어가는지라 바울이 백성 가운데로 들어가고자 하나 제자들이 말리고 또 아시아 관리 중에 바울의 친구된 어떤 이들이 그에게 통지하여 연극장에 들어가지 말라 권하더라"(행 19:28~31)

"(에베소) 소요가 그치매 바울은 제자들을 불러 권한 후에 작별하고 떠나 마게도냐로 가니라 그 지방으로 다녀가며 여러 말로 제자들에게 권하고 헬라에 이르러 거기 석 달 동안 있다가 배 타고 수리아로 가고자 할 그 때에 유대인들이 자기를 해하려고 공모하므로 마게도냐를 거쳐 돌아가기로 작정하니 아시아까지 함께 가는 자는 베뢰아 사람 부로의 아들 소바더와 데살로니가 사람 아리스다고와 세군도와 더베 사람 가이오와 및 디모데와 아시아 사람 두기고와 드로비모라 그들은 먼저 가서 드로아에서 우리를 기다리더라"(행 20:1~5)

"우리가 배를 타고 이달리야에 가기로 작정되매 바울과 다른 죄수 몇 사람을 아구스도대의 백부장 율리오란 사람에게 맡기니 아시아 해변 각처로 가려 하는 아드라뭇데노 배에 우리가 올라 항해할새 마게도냐의 데살로니가 사람 아리스다고도 함께 하니라"(행 27:1~2)

앞서 살펴본 바울의 기념패, 바울의 면류관은 아리스다고도 마찬가지입니다. 사도행전 19장 29절은 그를 "마게도냐 사람"이라고 기록합니다. 그러나 사도행전 20장 4절과 27장 2절은 아리스다고를 데살로니가 사람이라고 기록합니다. 마게도냐라는 지역의 한 도시가 데살로니가입니다. 마게도냐와 데살로니가의 이러한 관계를 사도행전 27장 2절, "마게도냐의 데살로니가 사람 아리스다고"에서 살펴볼 수 있습니다. 그러므로 아리스다고가 어떻게 바울의 기념패, 면류관이 될 수 있었는지, 그런 아리스다고의 모습이 어떤 모습이었는지를 살펴보기 위해서는 바울의 데살로니가 전도를 먼저 살펴보아야 합니다.

"그들이 암비볼리와 아볼로니아로 다녀가 데살로니가에 이르니 거기 유대인의 회당이 있는지라 바울이 자기의 관례대로 그들에게로 들어가서 세 안식일에 성경을 가지고 강론하며 뜻을 풀어 그리스도가 해를 받고 죽은 자 가운데서 다시 살아나야 할 것을 증언하고 이르되 내가 너희에게 전하는 이 예수가 곧 그리스도라 하니"(행 17:1~3)

드로아에서 환상(행 16:6~10)을 경험한 후, 바울은 유럽으로 건너가 전도하게 됩니다. 바울이 유럽으로 건너가 처음으로 전도한 곳은 빌립보입니다. 그 다음으로 전도한 사역지가 바로 데살로니가입니다. 빌립보에서 데살로니가로 사역지를 옮긴 바울의 상황은 앞서 그가 루스드라에서 만신창이가 된 후, 루스드라와 더베로 옮겨가며 전도한 상황과 비슷합니다.

빌립보 지역에서 전도할 때, 바울과 실라는 정치범과 반역 죄인으로 몰려 심한 매질을 당하고 감옥에 갇힙니다. 그러나 그 참담함 속에서도 바울은 찬양과 기도로 동료 죄수와 간수들의 마음을 감동시켰습니다.

하나님의 은혜로 한밤중에 큰 지진이 일어나 옥문이 열려 탈출할 기회를 얻었습니다. 그러나 바울과 실라는 도망가지 않았습니다. 이 일로 간수를 감동시켰고, 그를 회개시켜, 세례를 받게 했습니다. 이렇게 모진 채찍과 감옥의 고초를 겪고 나서 곧바로 찾아간 전도지가 바로 데살로니가입니다. 바울이 루스드라에서 더베로 전도지를 이동할 때와 모든 상황이 너무나 똑같습니다.

만신창이의 몸으로 요양하지도 않고, 복음을 증거하기 위해 또 다른 사역지, 데살로니가를 찾아가는 바울의 이 감동스런 모습을 보시며, 하나님께서는 무엇으로 바울을 위로해 주시고, 상급을 주실까요? 당연히 '더베 사람 가이오'와 같은 '데살로니가 사람 아리스다고'입니다. 사도행전 17장 1절을 보면, 바울은 빌립보에서 그런 봉변을 당했으면서도 또 유대인의 회당을 찾아갑니다. 2절을 보면, 바울은 데살로니가에서 세 안식일, 약 21일 정도 머물렀습니다. 왜 이렇게 짧게 머물렀을까요? 비시디아 안디옥, 이고니온, 빌립보에서 바울이 당했던 것과 같이 데살로니가에서도 일찍 쫓겨난 것입니다. 바로 앞, 빌립보에서 만신창이가 된 몸을 다 회복하지도 못했을 텐데 바울은 또 도망자가 됩니다.

> "그 중의 어떤 사람 곧 경건한 헬라인의 큰 무리와 적지 않은 귀부인도 권함을 받고 바울과 실라를 따르나 그러나 유대인들은 시기하여 저자의 어떤 불량한 사람들을 데리고 떼를 지어 성을 소동하게 하여 야손의 집에 침입하여 그들을 백성에게 끌어내려고 찾았으나"(행 17:4~5)

5절을 보면, 사람들이 바울을 고소하여 데살로니가 온 성이 소란에 빠졌습니다. 그 고소의 내용이 '로마에 대한 민란'(6절)과 '황제에 대한 반역'(7절)이기 때문입니다. 물론 이러한 고소의 내용은 전혀 사실이 아닙니다. 그들이 생각하기에 바울을 잡을 수 있다고 여기는 가장 확실한 올가미였을 뿐입니다. 그러나 이 고소를 들은 읍장은 소동에 참여하지 않을 수 없습니다. 도시의 존폐가 걸린 문제이기 때문입니다. 온 데살로니가가 바울을 잡아들이기 위해 온 성을 샅샅이 뒤졌습니다. 그런데 바울을 잡지 못했습니다. 누군가 바울을 숨겨 주었기 때문입니다. 목숨을 걸어야 하는 일이었지만, 누군가 목숨을 아끼지 아니하고 바울을 숨겨 주었습니다. 그리고 바울을 숨겨 준 그 사람들은 바울의 탈주, 야반도주까지도 도와줍니다. 얼마나 급박했는지 야반도주로 목숨을 부지해야 했습니다.

"밤에 형제들이 곧 바울과 실라를 베뢰아로 보내니 그들이 이르러 유대인의 회당에 들어가니라"(행 17:10)

데살로니가에서 목숨을 걸고 바울을 숨겨 주었던, 그리고 바울의 야반도주를 도왔던 그 사람들, 그 제자들이 과연 누구였을까요? 너무나 궁금합니다. 그들이 누구인지 알 수는 없지만, 한 명, 우리가 확실히 아는 한 명, 그는 사도행전 20장 4절, 그리고 27장 2절에 "데살로니가 사람"이라고 기록되어 있는 아리스다고입니다. 아리스다고는 후에 바울이 에베소에서 큰 소동을 겪게 되었을 때도, 바울 대신에 자신의 목숨을 걸었습니다.

"온 시내가 요란하여 바울과 같이 다니는 마게도냐 사람 가이오와 아리스다고를 붙들어 일제히 연극장으로 달려 들어가는지라"(행 19:29)

아리스다고는 데살로니가에서, 그리고 에베소에서도 목숨을 걸고 바울의 피신을 도와주었습니다. 뿐만 아닙니다.

"우리가 배를 타고 이달리야에 가기로 작정되매 바울과 다른 죄수 몇 사람을 아구스도대의 백부장 율리오란 사람에게 맡기니 아시아 해변 각처로 가려 하는 아드라뭇데노 배에 우리가 올라 항해할새 마게도냐의 데살로니가 사람 아리스다고도 함께 하니라"(행 27:1~2)

아리스다고는 바울이 죄수의 신분으로 로마로 압송될 때도 함께 했습니다. 지금 아리스다고가 동행하는 길은 바울에게는 '참수형 순교의 길'이 될 수도 있는 길입니다. 그러기에 아리스다고에게도 '죽음의 길'이 될 수도 있습니다. 이것을 몰라서 아리스다고가 바울과 동행했을까요? 아닙니다. 스승 바울과 함께 복음을 증거하고, 함께 스승과 죽겠다고 바울의 로마 압송 길을 동행한 것입니다. 바울은 로마에서 참수형의 순교를 맞이했습니다. 어쩌면 아리스다고도 로마에서 스승 바울과 함께 순교자로 생을 마감하지 않았을까요?

복음을 위해, 그리고 그 복음을 증거하는 하나님의 사도, 스승 바울을 위해 자신들의 목숨을 여러 번 기꺼이 내어놓은 가이오와 아리스다고의 모습이 큰 감동으로 다가옵니다. 이런 아리스다고의 위대한 희생의 모습을 생각할 때, 우리는 그의 스승 바울을 자연히 기억하게, 기념하게 됩니다. 아리스다고를 이런 멋진 사도로 세운 것이 바울이기 때문입니다. 아리스다고 안에 바울은 기념패로서 새겨져 있습니다. 우리가 언젠가 우리 사명과 직분의 자리를 떠나야 할 때, 우리의 생을 마감해야 할 때가 올 것입니다. 그때 데살로니가 사람 아리스다고와 같은 제자, 동역자를 한 명만 세우고 떠날 수 있다면, 그는 우리의 기념패가 되어서, 하나님을 향한 우리의 사랑과 열정, 그 희생을 기념하고 전해 줄 것입니다.

그러나 누가 나에게 기념패, 면류관이 되어 줄까를 고민하기보다는 먼저, 내가 교회와, 맡겨진 사명과 직분에 이런 기념패와 같은 성도로

서고자 기도하고 애쓰는 것이 더 지혜로운 모습입니다. 우리가 이렇게 다듬어져서 열매 맺는 성도가 될 수 있기를 기도합니다.

바울의 기적의 전도 I
구원받은 빌립보 간수

"한밤중에 바울과 실라가 기도하고 하나님을 찬송하매 죄수들이 듣더라 이에 갑자기 큰 지진이 나서 옥터가 움직이고 문이 곧 다 열리며 모든 사람의 매인 것이 다 벗어진지라 간수가 자다가 깨어 옥문들이 열린 것을 보고 죄수들이 도망한 줄 생각하고 칼을 빼어 자결하려 하거늘 바울이 크게 소리 질러 이르되 네 몸을 상하지 말라 우리가 다 여기 있노라 하니 간수가 등불을 달라고 하며 뛰어 들어가 무서워 떨며 바울과 실라 앞에 엎드리고 그들을 데리고 나가 이르되 선생들이여 내가 어떻게 하여야 구원을 받으리이까 하거늘 이르되 주 예수를 믿으라 그리하면 너와 네 집이 구원을 받으리라 하고 주의 말씀을 그 사람과 그 집에 있는 모든 사람에게 전하더라 그 밤 그 시각에 간수가 그들을 데려다가 그 맞은 자리를 씻어 주고 자기와 그 온 가족이 다 세례를 받은 후 그들을 데리고 자기 집에 올라가서 음식을 차려 주고 그와 온 집안이 하나님을 믿으므로 크게 기뻐하니라"(행 16:25~34)

본문은 바울의 유럽 전도 여행 중 첫 번째 선교지였던 빌립보에서 있었던 일입니다. 마게도냐 지방의 첫 성이며, 로마의 식민지인 빌립보에 도착한 바울과 실라는 그곳에 회당이 없어서, 안식일에 기도할 곳을 찾아 문 밖 강가에 나갔다가 거기서 루디아를 만났습니다. 그리고 그녀에게 세례를 베풀었습니다.

> "두아디라 시에 있는 자색 옷감 장사로서 하나님을 섬기는 루디아라 하는 한 여자가 말을 듣고 있을 때 주께서 그 마음을 열어 바울의 말을 따르게 하신지라 그와 그 집이 다 세례를 받고 우리에게 청하여 이르되 만일 나를 주 믿는 자로 알거든 내 집에 들어와 유하라 하고 강권하여 머물게 하니라" (행 16:14~15)

하루는 그곳, 빌립보에서 바울과 실라가 "기도하는 곳"에 가다가 점치는 귀신들린 여종 하나를 만났습니다. 바울은 예수 그리스도의 이름으로 그녀에게서 귀신을 쫓아냅니다. 놀라운 구원과 해방의 역사였지만, 점치는 여인을 통해 수익을 얻어왔던 주인들은 바울과 실라에게 분노합니다. 그들은 바울과 실라를 붙잡아 장터에 있는 관리들에게로 끌고 갑니다. 그러자 관리들은 곧바로 상관에게로 바울과 실라를 데리고 갑니다. 왜 관리들은 자신들의 상관들에게로 사건을 넘겼을까요? 귀신들렸던 여종의 주인들이 와서 바울과 실라를 고소하는 내용을 들어보니 자신들의 손에서 다룰만한 문제가 아니었기 때문입니다. 그 고소의 내용은 관리들이 바울과 실라를 데리고 자신들의 상관들에게로 갔을 때, 거기서 귀신들렸던 여종의 주인들이 그 상관들에게 다시 고소하는 내용을 통해 살펴볼 수 있습니다.

> "상관들 앞에 데리고 가서 말하되 이 사람들이 유대인인데 우리 성을 심히 요란하게 하여 로마 사람인 우리가 받지도 못하고 행하지도 못할 풍속을 전한다 하거늘" (행 16:20~21)

"이 사람들이 유대인인데 우리 성을 심히 요란하게 하여"라고 고소합니다. 주인들은 로마의 식민지인 빌립보에 주둔한 로마 군인들에게 "우리 성"이라고 표현합니다. "우리 성"은 '로마'입니다. 21절에서도 저들은 자신들을 "로마 사람"이라고 부릅니다. 주인들이 로마의 군인들에게 '이 사람들이 유대인인데 로마의 성을 심히 요란하게 하였습니다.'라고 고소합니다. 로마의 성을 요란하게 하였다는 것은 '민란과 소요사태'를 의미합니다. 그러니 장터에 있던 관리들이 급히 상관들에게로 바울과 실라를 데리고 갈 수밖에 없었습니다.

그러나 21절을 보면, 바울과 실라에 대한 저들의 고소는 '민란'에 대한 것이 아니라 풍속에 관한 고소였다는 내용으로도 해석할 수 있습니다. "우리가 받지도 못하고 행하지도 못할 풍속을 전한다 하거늘" 그러나 당시 로마의 식민지 통치 규칙 중 하나를 살펴보면, 저들이 바울과 실라를 고소하는 것이 결코 풍속에 관련된 일이 아니라, '민란', 혹은 '반역'에 관계된 고소였음을 알 수 있습니다. 당시 로마는 식민지 지역의 풍습이나 종교에 대한 자유는 보장해 주었습니다. 그러나 민란이나, 반란 등 국가체제에 대한 도전만큼은 단호하게 대처하였습니다. 이러한 내용은 아가야 총독 갈리오의 발언을 통해서 살펴볼 수 있습니다.

> "바울이 입을 열고자 할 때에 갈리오가 유대인들에게 이르되 너희 유대인들아 만일 이것이 무슨 부정한 일이나 불량한 행동이었으면 내가 너희 말을 들어 주는 것이 옳거니와 만일 문제가 언어와 명칭과 너희 법에 관한 것이면 너희가 스스로 처리하라 나는 이러한 일에 재판장 되기를 원하지 아니하노라" (행 18:14~15)

만일 저들의 고소가 풍속에 관계된 것이었다면, 관리들은 상관들에게 데려가지 않았을 것입니다. 그리고 상관들도 사도행전 16장 22~24절의 반응을 보이지 않았을 것입니다. 상관들이 이러한 반응을 보인 것은,

그들이 주인들의 고소를 듣고 바울과 실라를 정치범으로 간주하였다는 증거가 됩니다.

"무리가 일제히 일어나 고발하니 상관들이 옷을 찢어 벗기고 매로 치라 하여 많이 친 후에 옥에 가두고 간수에게 명하여 든든히 지키라 하니 그가 이러한 명령을 받아 그들을 깊은 옥에 가두고 그 발을 차꼬에 든든히 채웠더니"(행 16:22~24)

정치범으로 몰린 바울과 실라는 로마 군인들에게서 심한 매질을 당한 후에, 발에는 차꼬가 채워진 채로 "깊은 옥"에 갇힙니다. 정치범으로 몰려서 단단히 지키라는 상관들의 명령까지 있었으니 바울과 실라는 간수들의 삼엄한 경비를 받게 됩니다. 간수들은 두 정치범을 든든히 지켜야 했기에 근거리에서 바울과 실라를 눈으로 자주 확인해 가며 지켰을 것입니다. 바울과 실라가 처한 이 상황은 사람의 생각으로는 고난과 좌절입니다. 그러나 바울과 실라는 이런 상황 속에서도 낙심하거나 좌절하지 않습니다.

"한밤중에 바울과 실라가 기도하고 하나님을 찬송하매 죄수들이 듣더라" (행 16:25)

바울과 실라는 그 몸으로, 그런 곳에서 "기도하고 하나님을 찬송"합니다. 그런 몸과 그런 상황으로 인하여 낙심되기도 하고 절망을 느꼈을 텐데, 바울과 실라는 우리와는 다른 모습을 보여 줍니다. 어떻게 그런 상황에서 "기도하고 하나님을 찬송"할 수 있었을까요? 바울과 실라가 그렇게 할 수 있었던 이유를 말씀해 주는 구절이 있습니다.

"바울과 실라가 기도하고 하나님을 찬송하매"(행 16:25)

본문을 자세히 보면, 우리가 생각했던 바와는 조금 다른 순서로 기록되어 있습니다. '바울과 실라가 하나님께 기도하고 찬송하매'가 아니라, "바울과 실라가 기도하고 하나님을 찬송하매"라고 기록되어 있습니다. 이 말은 바울과 실라가 '기도하면서', '기도할 때에' 하나님을 찬송할 수 있게 되었다는 것입니다. 이러한 본문의 순서가 가지는 의미를 더 자세히 살펴보기 위해서는 헬라어 성경 원문을 보아야 합니다.

Παῦλος καὶ Σιλᾶς προσευχόμενοι ὕμνουν τὸν θεόν(파울로스 카이 실라스 프로슈코메노이 휨눈 톤 쎄온)

한글 성경으로 보면, 본문에는 두 개의 동사가 있습니다. "기도하고"와 "찬송하매"입니다. 그러나 헬라어 원문 성경을 보면, 두 개의 동사가 아니라, 하나의 분사와 하나의 동사로 이루어져 있습니다. 헬라어 분사의 용법 중에 분사의 시제가 동사의 시제와 일치하는 경우에는 동사의 시제를 따릅니다. 동사의 시제와 동시에 일어나는 것으로 해석을 합니다. 그러므로 "기도하고"로 번역된 헬라어 원문의 분사 προσευχόμενοι (프로슈코메노이, 기본형-προσεύχομαι-프로슈코마이)에 대한 번역은 '기도하면서', '기도할 때에'입니다.

"바울과 실라가 기도할 때에(기도하면서) 하나님을 찬송하매" (행 16:25)

여기서 "기도하고"와 "하나님을 찬송하매"가 동시에 일어난 일이기는 하지만, 둘 사이에는 시간의 개념으로는 따지기 곤란하지만, 분명히 전후의 순서가 있습니다. 동시이기는 하지만, "기도"가 선행되었고, 즉각적으로 "찬송"이 따라왔습니다. 이런 의미로 본문을 해석하면 다음과 같은 상황을 그려볼 수 있습니다. 바울과 실라는 복음을 증거하다가 자신들이 채찍에 맞고, 또 "깊은 옥"에 갇혀야 하는 상황을 이해할 수 없어서 하나님께 감사하고 찬송해야 함을 알면서도 그렇게 할 수 없었습니다. 낙심되었습니다. 그러나 바울과 실라는 어떠한 상황 속에서도 하나님을 예배하고 찬양해야 함을 잘 알고 있었습니다. 그래서 바울과 실라는 이 참담한 상황 속에서도 하나님을 찬양하기 위해서, 자신들에게 하나님을 찬양할 수 있는 힘과 기쁨을 달라고 먼저 기도했던 것입니다. 그러자 바울과 실라는 힘을 얻어 하나님을 찬송할 수 있게 된 것입니다. 바울과 실라는 이런 기도를 드릴 때에, 드리면서 즉각적으로 낙심과 좌절을 물리치고, 하나님을 찬송하는 자리에 나아갈 수 있었습니다.

빌립보 감옥에서 하나님을 찬송하는 것은 바울과 실라가 하기 힘든, 할 수 없었던 일입니다. 그러나 바울과 실라는 꼭 해야 하는 일이기에 낙심과 좌절을 몰아내고 힘을 달라고 하나님께 기도하였습니다. 바울과 실라는 환경을 바라볼 때는 할 수 없었던 것을 기도함으로 감당할 수 있었습니다. 우리도 신앙생활 하다 보면, 할 수 있는 것은 잘 하는데, 할 수 없는 것에 번번이 막혀서 성장하지 못하고 성숙으로 나아가지 못할 때가 있습니다. 이때 우리도 감당할 수 없는 그것을 감당할 수 있어야 합니다. 우리가 그것을 감당할 수 있게 해 주는 것은 바로 "기도"입니다. 우리는 할 수 없지만, 하고 싶지 않지만, 그럼에도 기도할 때에, 기도하면서 우리도 하나님을 찬송할 수 있고, 맡은 사명과 직분을 감당할 수 있습니다.

기도함으로 힘을 얻어, 하나님을 찬송하는 자리에 나아간 바울과 실라에게 두 가지 기적이 찾아옵니다. 옥문이 열렸습니다. 두 번째는 빌립보 간수와 그의 온 집이 예수 그리스도를 영접하였습니다.

"이에 갑자기 큰 지진이 나서 옥터가 움직이고 문이 곧 다 열리며 모든

사람의 매인 것이 다 벗어진지라"(행 16:26)

하나님께서 옥문을 열어 주시고, 바울과 실라의 차꼬를 풀어 주셨습니다. 간절히 하나님께 기도한 후, 힘을 얻어 하나님을 찬송하게 되니 하나님께서 큰 지진을 통하여 옥문을 열어 주셨습니다. 그러므로 이 지진은 하나님께서 자신들을 구하기 위해 준비하신 도구라고, 하나님의 구원의 손길이라고 해석하기 쉬웠을 텐데, 이상하게도 바울과 실라는 감옥을 빠져나가지 않습니다. 왜 몸을 피하지 않았을까요? 자다가 깨어난 간수는 이런 사정을 모르고, 죄수가 도망한 줄 생각하고 자결하려고 합니다. "든든히 지키라"는 상관의 명령을 받아 "발에 차꼬"까지 채워 "깊은 옥"에 가두어 놓은 두 명의 정치범을 놓쳤으니 자결할 길밖에는 없습니다. 그래서 막 자결하려고 할 때,

"바울이 크게 소리 질러 이르되 네 몸을 상하지 말라 우리가 다 여기 있노라"(행 16:28)

도망간 줄 알았던 정치범 두 명이 그 자리에 그대로 있는 것을 봅니다. 간수는 죽었다 살아난 심정입니다. 이제 간수는 어떻게 해야 할까요? 어떻게 했을까요? 다른 죄수들은 몰라도 이 두 명의 정치범만은 옆에 팔짱을 끼고서라도 지켜내야 합니다. 이전보다 더 든든히 지켜야 합니다. 그런데 간수는 바울과 실라, 두 명의 정치범에게 우리가 이해할 수 없는 반응을 나타냅니다. 그것도 여러 번입니다.

"간수가 등불을 달라고 하며 뛰어 들어가 무서워 떨며 바울과 실라 앞에 엎드리고"(행 16:29)

도망간 줄 알았던 정치범이 자리를 지키고 있다면 무섭고 두려워서

떨 수는 있습니다. 그러나 정치범 앞에 엎드려 존경을 표하지는 않습니다.

"그들을 데리고 나가"(행 16:30)

간수가 죄수를, 그것도 든든히 지켜야 하는 두 명의 정치범을 옥에서 데리고 나갔습니다. 불가능한 일입니다. 그리고 간수가 바울과 실라에게 묻습니다.

"선생들이여 내가 어떻게 하여야 구원을 받으리이까"(행 16:30)

앞서 빌립보에 도착했을 때, 바울과 실라는 전도하기 위해서 "문 밖 강가"(행 16:13)로 갔습니다. 바울의 전도의 규칙을 볼 때, 당연히 유대인의 회당을 찾아 들어갔어야 합니다. 그런데 강가로 갔습니다. 빌립보에는 유대인의 회당이 없었기 때문입니다. 그래서 사람들이 모일만한 곳을 찾아 갔던 것입니다. 빌립보는 이런 곳입니다. 유대교와 유대인의 손길이 덜 미치는 곳입니다. 그러므로 예수 그리스도의 사건, 그분의 복음을 알지 못하고 "구원"이라는 것조차 알지 못하는 곳입니다. 그런데 어떻게 이런 곳에 사는 로마의 간수가 이런 놀라운 믿음의 고백을 드릴 수 있었을까요? 어떻게 이런 일이 가능했을까요?

설령 간수가 예수 그리스도에 대해서 알고 있다고 해도, 로마의 월급을 받으며 죄인을 지키는 직업을 가진 간수가 할 수 있는 고백은 아닙니다. 예수는 로마의 총독 빌라도의 재판으로 십자가형에 처해진 죄수였기에 로마의 간수가 그를 주로 인정하는 이런 고백을 올릴 수는 없습니다. 어떻게 간수가 이런 고백을 할 수 있었을까요? 이해할 수 없는 의문점은 계속 이어집니다.

"주 예수를 믿으라 그리하면 너와 네 집이 구원을 받으리라"(행 16:31)

바울이 간수에게 그 방법을 알려주자 간수는 사도행전 16장 32~34절에 이르는 일련의 조치를 즉각적으로, 그리고 일사불란하게 취합니다.

> "주의 말씀을 그 사람과 그 집에 있는 모든 사람에게 전하더라 그 밤 그 시각에 간수가 그들을 데려다가 그 맞은 자리를 씻어 주고 자기와 그 온 가족이 다 세례를 받은 후 그들을 데리고 자기 집에 올라가서 음식을 차려 주고 그와 온 집안이 하나님을 믿으므로 크게 기뻐하니라"(행 16:32~34)

32절, 바울과 실라가 간수뿐 아니라, 그 집에 있는 모든 사람에게 주의 말씀을 전했습니다. 정치범의 강론을 듣겠다고 자리를 마련하는 간수가 있을까요? 33절, 간수는 바울과 실라를 데려다가 채찍에 맞아 피가 나고 딱지가 앉은 곳을 씻어줍니다. 그리고 자신을 포함해 온 가족이 바울과 실라에게서 세례를 받습니다. 빌립보에 사는 간수가 "세례"가 무엇인지 알고 있었을까요?

34절, 간수는 바울과 실라를 자신의 집에까지 모시고 가서 음식을 차려 줍니다. 어떻게 간수가 정치범에게 이렇게 할 수 있는지 풀리지 않는 수수께끼가 꼬리를 물고 있습니다. 이런 풀리지 않는 의문투성이의 간수가 예수 그리스도를 믿게 된 것은 정말 기적입니다. 바울과 실라의 이 기적적인 전도와 간수의 이런 아직은 이해할 수 없는 행동을 설명해 주는 단서가 본문 속에 있을까요? 있습니다. 이 단서를 찾아야 합니다. 그래야 우리가 이해할 수 없었던 간수의 행동을 헤아릴 수 있고, 빌립보 간수를 전도할 수 있었던 바울과 실라의 기적적인 전도 방법을 배울 수 있습니다.

"한밤중에 바울과 실라가 기도하고 하나님을 찬송하매 죄수들이 듣더라"
(행 16:25)

바울과 실라의 기적의 전도, 간수의 기적적인 회심과 믿음을 풀어 주
는 단서는 "듣더라"입니다. 그런데 본문은 간수가 들은 것이 아니라
"죄수들이" 들었다고 말씀합니다. 그러나 상관들로부터 "든든히 지키
라"는 명령을 받은 간수가 바울과 실라를 근거리에서 지켰을 것이기에,
분명히 간수도 들었을 것입니다. 죄수들이 바울과 실라의 기도와 찬송
을 들었던 것과 같이, 간수도 바울과 실라의 기도와 찬송 소리를 들었
습니다. 바로 이 '들음'이 간수가 예수 그리스도를 믿게 되는 놀라운 역
사의 출발점이었습니다. 이를 통해 간수의 마음이 움직이기 시작했다는
것입니다. 스데반의 순교현장이 사울의 마음을 움직였던 것과 같습니다.
무두장이 시몬의 집에서 베드로의 편견이 변화된 것과 같습니다.

옷은 찢기고, 온 몸은 채찍에 맞아 피투성이인 채로 바울과 실라는
깊은 옥에 던져졌습니다. 바울과 실라는 이내 자리를 잡고 기도하기 시
작합니다. 하나님께 힘을 달라는 간구입니다. 하나님께서 이와 비슷한
상황 가운데서도 지켜주셨던 과거의 일들을 기억하며, 때로는 감사하다
고, 때로는 믿는다고, 그렇게 입으로 고백하며 기도드립니다. 바울과 실
라의 이런 모습을 본 죄수들, 그리고 가까이서 지키고 있는 간수는 어
떤 마음일까요? '매를 맞고 채찍을 맞더니 미쳤구나!' 미친 사람 취급을
합니다.

죄수들은 바울과 실라의 기도와 찬송을 제지하려고 합니다. 시끄러웠
기에 잠을 잘 수 없었기 때문입니다. 그렇게 바울과 실라의 기도와 찬
송을 제지하려고 말을 걸면, 바울과 실라는 '당신들도 예수 믿고 구원받
아야 합니다.'라고 오히려 전도했을 것입니다. 바울과 실라는 기도와 찬

송을 쉬지 않습니다. 한밤중까지 이어졌다고 기록하고 있습니다. 한밤중까지 하나님에 대해서, 전도에 대해서, 예수 그리스도의 십자가와 부활에 대해서, 그리고 구원에 대해서 기도하고 찬송하였습니다.

바울과 실라의 소리 때문에 잠을 자지 못하는 죄수들은 짜증이 났습니다. 큰 소리로 윽박지르며 조용히 하라고 해도 통하지 않자 이제는 간수에게 조용히 시켜 달라고 청을 넣습니다. 바울과 실라를 제지하러 간수가 옵니다. 바울과 실라는 간수에게도 구원을 말하며 전도합니다. 한밤중까지 그 몸으로 쉬지 않고 기도와 찬송에 전념하는 바울과 실라를 바라보는 죄수와 간수의 마음이 움직이지 않았을까요? 처음에는 '미친 놈' 취급했지만, 변함없는 바울과 실라의 기도와 찬송의 모습에 분명 무언가 모르는 충만한 능력의 기운, 곧 은혜를 체험하지 않을 수 없었을 것입니다.

심한 매질과 채찍질로 인해서 미쳐서 횡설수설하는 것으로 여겼는데, 그게 아니라, 바울과 실라가 말하는 하나님, 그리고 은혜, 사랑이라는 것이 무엇인지는 잘 모르겠지만, 미쳐서 하는 횡설수설이 아니라, 무엇인가가 있다는 것을, 저런 모진 고통도 참고, 오히려 기뻐하게 하는 무엇인가가 저들에게 있다는 것을 느끼기 시작했습니다. 처음에는 듣기 싫고, 귀찮은 소음으로 들리던 바울과 실라의 기도와 찬송 소리에 귀를 기울이게 되었고, 그들에게도 기쁨의 소리, 은혜의 소리로 들리게 되었습니다. 구원받아야 한다며 자신들을 전도하는 바울과 실라의 "구원"이라는 단어가 귀에 들어오기 시작합니다.

지금까지의 이러한 상황을 설명해 주는 단어가 "듣더라" ἐπηκρῶντο (에패크로온토)입니다. 이 동사의 기본형은 ἐπακροάομαι (에파크로아오마이)입니다. 이 동사는 ἐπί(에피-on)와 ἀκούω(아쿠오-듣다)의 합성어로 서, '관심을 가지고 귀를 기울여-focus on- 듣다'는 의미입니다. 곧 '기쁨으로 듣다'는 의미입니다. 바울과 실라를 '미친 사람' 취급하고, 그들의 소리를 '헛소리'로 간주하던 죄수들과 간수가 바울과 실라의 기도와 찬송 소리에 귀를 기울여 기쁨으로 들었다고 본문이 기록하고 있습니다. 죄수와 간수는 바울과 실라의 기도와 찬송을 통해서 하나님에 대해서, 바울과 실라에게 행하신 하나님의 일들과 구원에 대해서, 그리고 바울과 여러 고백들을 기쁨 가운데 들었습니다. ἐπηκροῶντο(에패크로온토-"듣더라")를 통해 죄수들과 간수들이 이미 바울과 실라를 통해 은혜를 받았음을 알 수 있습니다.

그러던 중 큰 지진이 났습니다. 간수는 죄수들이 도망간 줄 알고 두려워 자결하려고 했습니다. 그런데 바로 그때 컴컴해 보이지 않는 "깊은 옥"에서 '우리는 도망가지 않았으니 자결하지 말라.'는 바울과 실라의 말이 들립니다. 간수는 등불을 들고 뛰어 들어갑니다. 큰 지진으로 인하여 탈옥의 좋은 기회를 얻었으니, 도망가는 것이 당연한데, 그런 상황에서도 도망가지 않은 바울과 실라의 모습에 간수는 경외감을 느꼈을 것입니다. 바울과 실라의 기도와 찬송에 은혜를 받고, 경외감까지 느끼게 된 간수는 바울과 실라를 대하는 것이 무섭고 두려웠을 것입니다. 그래서 간수는 바울과 실라 앞에서 떨었고, 엎드렸습니다.

"··· 바울과 실라 앞에 엎드리고" (행 16:29)

"엎드리고", προσέπεσεν(프로세페센)의 기본형 προσπίπτω(프로스핖토)는 '~를 향하여, 위하여'를 의미하는 전치사 πρός(프로스)와 '떨어지다', '내던지다'를 의미하는 πίπτω(핍토)의 합성어로, '엎드리다', 곧 '~를 향해서 자신의 몸을 던지듯 엎드리는 것'을 의미합니다. 간수는 바울과 실라의 소리를 듣고 등불을 취해 깊은 옥으로 들어갔습니다. 들어가서는 머뭇거리지 않고, 자신의 몸을 던져서 바울과 실라에 대한 존경과 감동의 마음을 표현합니다. 간수의 이런 즉각적인 반응은 그가 이미 바울과 실라에게 은혜 받았다는 것을, 이미 변화되었다는 것을 보여줍니다. 그의 마음에는 이미 예수 그리스도를 믿기로 결심이 서 있었습니다. 바울과 실라 앞에 엎드린 빌립보 간수는 제일 먼저 구원에 대해서 묻습니다. '구원'은 바울과 실라의 기도와 찬송 중에 가장 많은 부분을 차지한 내용일 것입니다.

"선생들이여 내가 어떻게 하여야 구원을 받으리이까" (행 16:30)

31절, 바울은 간수의 구원 요청에 대답합니다.

"주 예수를 믿으라 그리하면 너와 네 집이 구원을 받으리라" (행 16:31)

구원의 길을 전해들은 간수는 즉각적인 행동을 취합니다. 32절, 간수는 자신과 자신의 집의 모든 사람들을 불러 모읍니다. 간수가 자신의 집의 모든 사람들까지 불러 모은 것은 바울의 말을 유심히 들었기 때문입니다. 바울은 '그리하면 네가 구원을 받으리라'고 말하지 않았습니다. "그리하면 너와 네 집이 구원을 받으리라"고, "네 집"도 말했습니다. 간수뿐 아니라, 간수의 집 모든 사람도 구원을 받아야 한다고, 받을 수 있다고 말한 것인데, 간수는 이것을 놓치지 않고 순종합니다. 간수가 자신의 집 모든 사람들을 모아 자리를 마련합니다. 바울과 실라는 간수의 집 모든 사람들에게 주의 말씀, 구원의 말씀을 증거합니다.

은혜 받고, 구원의 감동을 누린 간수는 33절, 그 밤, 그 시각에 바울과 실라의 상처를 씻어 주고 바울에게서 세례를 받습니다. 바울과 실라에게서 은혜를 받은 간수는 죄수인 바울과 실라의 요구대로 자신의 집 사람을 모으고, 죄수의 설교를 듣고, 죄수의 상처를 씻어 주고, 죄수에게서 세례를 받습니다. 뿐만 아닙니다. 34절을 보면 바울과 실라, 죄수들을 데리고 자기 집에 올라가서 음식을 차려 주고 하나님을 믿게 된 것으로 인하여 그들과 함께 크게 기뻐합니다. 이 모든 기적과 능력의 전도가 바로 오늘 본문 25절에서 시작되었습니다. 기도할 수 없고, 하나님을 찬송할 수 없는 상황에서도 기도함으로 힘을 얻어 하나님을 찬송하자, 이 기도와 찬송이 죄수들과 간수에게 은혜의 통로가 되었습니다. 저들을 감동시켰습니다.

간수를 변화시킨 것은 두 가지입니다. 첫째, 바울과 실라가 드린 기도와 하나님께 올린 찬송입니다. 처음에 그들은 바울과 실라의 기도와 찬송에 무관심하고 반대했습니다. '채찍에 맞아 미친 놈들이 저러다 말겠지.' '잠자야 돼. 조용히 못해!' 그러나 바울과 실라는 저들의 무관심과 반대를 넘어서는 끊임없고, 변함없는 모습으로 기도하고 찬송을 드렸습니다. 바로 이런 모습의 기도와 찬양이 저들의 무관심과 반대를 변화시켰습니다. 무관심하고, 반대하는 세상을 변화시키기 위해서는 세상의 수준, 한계를 초월하는, 그것을 감싸고도 남음이 있을 만큼의 흔들림 없는 모습을 보여 주어야 합니다.

둘째, 바울과 실라는 큰 지진으로 인하여 도망갈 수 있는 좋은 기회를 얻었지만, 도망가지 않고 자리를 지켰습니다. 죽음의 자리를 피해 도망갈 수 있었는데, 도망가지 않았습니다. 우리도 이런 사람을 볼 때, 죽음에 개의치 않는 그 초연한 모습에 경외감을 느낍니다. 더구나 은혜를 받은 사람이라면 더욱 그러할 것입니다. 바울과 실라는 자신들의 기도와 하나님께 올리는 찬송에 무관심하던 간수가 은혜를 받아 그것을 기쁨으로 듣고 있는 변화된 모습을 목격했습니다. 바로 이때 영적으로 민감했던 바울과 실라는 하나님께서 간수를 구원할 기회를 주신 것을 알아차렸을 것입니다. 비록 큰 지진이 나서 옥문은 열려 도망갈 수 있었지만, 간수를 전도할 이 좋은 기회를 자신의 목숨을 구하기 위해서 놓칠 수 없었습니다. 바로 이것이 바울이 도망가지 않은 이유입니다.

물론 이때는 간수를 구원한다는 것이 미래의 일이기에 바울이 남는다고 해서 반드시 간수를 구원할 것이라는 보장은 없습니다. 어떻게 보면, 바울에게는 많아야 반반의 가능성 정도입니다. 그러나 사도 바울과 실라는 이 반의 가능성마저도 포기하지 않았습니다. 행여 간수를 구원하지 못하고 자신들이 변을 당한다 할지라도, 간수를 구원할 수 있는 이 좋은 기회를 얻는 것만으로도 만족한다는 심정으로 몸을 피하지 않았습니다. 사도 바울의 전도는 늘 그랬습니다. 도망가면 살 수 있을지는 모르지만, 간수를 구원할 기회를 결코 잡을 수 없기에, 도망가지 않으면 죽게 될 수도 있다는 것을 알면서도 복음전도의 기회를 얻기 위해 몸을 피하지 않았습니다. 우리라면 어떤 선택을 했을까요?

바울과 실라가 빌립보 간수를 전도한 기적의 이야기는 우리에게 두 가지를 말씀해 줍니다. 세상 사람들의 비난과 조롱을 넘어서는 그리스도인의 변함없는 기도와 찬송의 모습, 신앙의 모습을 보여 주어야 합니다. 그들이 예상하거나 기대하지 못하는 모습, 신실한 신앙의 세계를 보여 주어 그들로 경험케 해 주어야 합니다. 그래야 그들의 마음을 움직여 그들로 은혜 받게 할 수 있습니다. 저들의 한계 안에서의 신앙인의 모습은 결코 저들에게 하나님의 은혜를 전해 줄 수 없습니다. 우리를 조롱하고 비난하는 세상이 있다면, 그를 향해 그의 한계를 넘어서는 모습으로 나아가야 합니다.

또 하나는, 기회가 주어졌는데 육신의 평안을 위해서 자리를 피해서는 안 됩니다. 하나님께서 주신 기회를 소망하며 육신의 여러 불편함과 고난을 감내하는 믿음이 있어야 합니다. 이렇게 죽음도 두려워하지 않는 담대함이 저들로 두려워 떨게 하고, 결국에는 무관심과 반대를 포기하고 하나님 앞에 몸을 내던져 엎드리게 합니다. 빌립보 전도의 기적과 같은 이 놀라운 역사가 오늘을 살아가는 우리의 신앙의 삶에, 우리 교회에 일어나기를 기도합니다. 바울과 실라가 보여준 이 두 모습을 내 안에 채우기 위해 하나님께 더 가까이 나아가는 신앙인으로 다듬어지기를 기도합니다.

바울의 기적의 전도 II
고린도 회당장 그리스보의 개종

"그 후에 바울이 아덴을 떠나 고린도에 이르러 아굴라라 하는 본도에서 난 유대인 한 사람을 만나니 글라우디오가 모든 유대인을 명하여 로마에서 떠나라 한 고로 그가 그 아내 브리스길라와 함께 이달리야로부터 새로 온 지라 바울이 그들에게 가매 생업이 같으므로 함께 살며 일을 하니 그 생업은 천막을 만드는 것이더라 안식일마다 바울이 회당에서 강론하고 유대인과 헬라인을 권면하니라 실라와 디모데가 마게도냐로부터 내려오매 바울이 하나님의 말씀에 붙잡혀 유대인들에게 예수는 그리스도라 밝히 증언하니 그들이 대적하여 비방하거늘 바울이 옷을 털면서 이르되 너희 피가 너희 머리로 돌아갈 것이요 나는 깨끗하니라 이 후에는 이방인에게로 가리라 하고 거기서 옮겨 하나님을 경외하는 디도 유스도라 하는 사람의 집에 들어가니 그 집은 회당 옆이라 또 회당장 그리스보가 온 집안과 더불어 주를 믿으며 수많은 고린도 사람도 듣고 믿어 세례를 받더라"(행 18:1~8)

사도 바울의 선교의 여러 특징 중 하나인 자비량 선교가 본문에 보입니다.

"생업이 같으므로 함께 살며 일을 하니 그 생업은 천막을 만드는 것이더라"(행 18:3)

바울은 천막을 만드는 생업으로 생활비와 선교비를 벌어서 자비량 선

교를 하였습니다. 바울이 자비량 선교를 하는 이유에 대해서는 고린도
후서 11장 9절과 데살로니가후서 3장 8절이 말씀합니다.

"또 내가 너희와 함께 있을 때 비용이 부족하였으되 아무에게도 누를 끼
치지 아니하였음은 마게도냐에서 온 형제들이 나의 부족한 것을 보충하였
음이라 내가 모든 일에 너희에게 폐를 끼치지 않기 위하여 스스로 조심하
였고 또 조심하리라"(고후 11:9)

"누구에게서든지 음식을 값없이 먹지 않고 오직 수고하고 애써 주야로 일
함은 너희 아무에게도 폐를 끼치지 아니하려 함이니"(살후 3:8)

바울은 "폐를 끼치지 않기 위하여" 자비량 선교를 택했습니다. 혹시
라도 자신이 재정적 지원을 받는 것이 누군가에게는 부담이 되어, 그의
신앙에 걸림돌이 될 수도 있을 것을 경계하였습니다. 그래서 바울은
"스스로 조심하였고", 지금까지 늘 마음에 두고 조심해 왔고, "또 조심
하리라", 앞으로도 늘 이러한 자신의 규칙을 지키겠다고 다짐합니다. 바
울은 자신이 전도할 때에 자신의 처신이 복음에 누가 되지 않게 하기
위하여 이 규칙을 세웠습니다. 또한 이 규칙을 지키기 위해서 "애써 주
야로 일"했습니다. 그래서 바울은 주중에는 생업을 위하여 천막을 만들
었기에, 안식일 정도에만 회당을 찾아 강론하고 권면할 수 있었습니다.

"안식일마다 바울이 회당에서 강론하고 유대인과 헬라인을 권면하니라"
(행 18:4)

그러나 바울은 재정적 지원을 받아도 복음에 누가 되지 않을만한 사
람들에게서는 기꺼이 재정적 지원을 받았습니다. 어쩌면 바울은 그런
재정적 지원을 받는 것은 좋아했습니다. 그러한 지원을 통해 자신의 모
든 시간을 온전히 복음 사역에 매진할 수 있기 때문입니다.

"실라와 디모데가 마게도냐로부터 내려오매 바울이 하나님의 말씀에 붙잡혀 유대인들에게 예수는 그리스도라 밝히 증언하니"(행 18:5)

사도행전 18장 5절을 보면, 실라와 디모데가 마게도냐에서 왔는데, 이를 계기로 바울이 하나님의 말씀에 붙잡혔습니다. 바울이 하나님의 말씀에 붙잡혔다는 것은 무슨 의미일까요? 바울은 생업으로 천막을 만들어야 했기에 안식일에만 회당을 찾을 수 있었습니다. 그러나 마게도냐에서 온 실라와 디모데에게 재정적 지원을 얻게 된 후로는, 생업을 접을 수 있었습니다. 그리고 바울은 오로지 "예수는 그리스도"라고 증거하는 전도 사역에 전념하였습니다. 고린도후서 11장 9절은 "마게도냐에서 온 형제들이 나의 부족한 것을 보충하였음이라"고 기록합니다. 마게도냐에서 내려온 실라와 디모데를 통해 재정적 지원을 받았음을 말합니다.

그러나 회당과 유대인들은 말씀에 붙잡혀 사역하는 바울의 고린도 전도 사역을 대적하고 비방합니다. 그러자 바울은 자신의 옷을 털면서 다시는 유대인들에게, 그리고 회당에서 전도하지 않겠다고 스스로 다짐합니다. 왜 바울은 이렇게 화가 났을까요? 바울을 가장 힘들게 한 것은 회당의 유대인들입니다. 비시디아 안디옥에서(행 13:50), 그리고 이고니온에서(행 14:5), 그리고 루스드라에서(행 14:19) 사도 바울에게 그 모진 고난과 박해를 준 사람들은 회당의 유대인들입니다. 뿐만 아닙니다. 데살로니가에서는 야반도주를 해야 할 정도였고(행 17:1~10), 베뢰아에서는 아덴까지 배를 타고 도망쳐야 했습니다.(행 17:13)

회당의 유대인을 전도하면서 무수한 고난과 박해를 받아온 바울이 고린도에서도 회당의 유대인들에게서 대적과 비방을 받게 되니 바울도 지쳤던 것 같습니다. 바울은 사도행전 18장 6절에서 자신의 이러한 심정을 토로합니다.

> "그들이 대적하여 비방하거늘 바울이 옷을 털면서 이르되 너희 피가 너희 머리로 돌아갈 것이요 나는 깨끗하니라 이 후에는 이방인에게로 가리라 하고"(행 18:6)

비록 바울이 더 이상은 유대인의 회당전도를 하지 못하겠다고 포기선언을 했습니다. 그러나 지금까지 바울이 전도한 모습을 기억한다면, 바울에게 잘못했다고 말할 수 없습니다. 최선을 다 한 바울이기 때문입니다. 그 최선이라는 것도 우리가 운운하는 최선의 정도와는 차원이 다른 정도의 최선입니다. 자신의 최선을 다한 바울은 유대인을 전도하는 회당전도를 그만두겠다고 다짐하며 떠납니다. 그리고 바울은 어디론가 옮겨가 거처를 정합니다. 바울이 옮겨가 정한 거처가 어디인지 사도행전 18장 7절이 말씀합니다.

> "거기서 옮겨 하나님을 경외하는 디도 유스도라 하는 사람의 집에 들어가니 그 집은 회당 옆이라"(행 18:7)

바울이 다시는 회당을 통한 유대인 전도를 하지 않겠다고 옷까지 털면서 떠났는데, 그가 옮겨 거처를 정한 곳이 바로 "회당 옆"입니다. 회당전도를 하지 않겠다고 떠난 바울이 오히려 더 가까이, 회당 옆에 거처를 정한 것을 어떻게 해석해야 할까요? 아마도 다시는 회당전도, 유대인 전도를 하지 않겠다고 다짐하고 떠나려는, 떠나는 바울에게 주님께서 말씀하시지 않으셨을까요? 바울 자신의 마음속에도 이렇게 이곳을 떠나서는 안 된다는 마음이 들지 않았을까요? 그렇게 주님의 음성, 성령의 음성을 듣고는 회당을 떠나겠다던 바울이 아예 회당 옆에 자신의 거처를 정했습니다. 그러자 바울은 놀라운 기적을 만들어 냅니다.

> "또 회당장 그리스보가 온 집안과 더불어 주를 믿으며 수많은 고린도 사람도 듣고 믿어 세례를 받더라"(행 18:8)

회당장 그리스보를 개종시켰습니다. 또한 그를 통해 그의 온 집안과 수많은 고린도 사람도 전도했습니다. 기적적인 전도를 이루었습니다. 고린도 회당의 반대와 비방에 부딪혀서 고린도 지역을 떠나고, 회당을 떠나고, 유대인들을 떠나려 했던 바울인데, 그런 회당의 구성원 정도가 아니라, 그 회당의 회당장 그리스보를 개종시켰습니다. 바울이 사도행전 18장 6절의 떠날 결심을 하게 된 것이 어쩌면 회당장 그리스보 때문이었을 텐데, 그를 개종시켰습니다.

> "나는 그리스보와 가이오 외에는 너희 중 아무에게도 내가 세례를 베풀지 아니한 것을 감사하노니"(고전 1:14)

바울이 그리스보를 개종시키고 그에게 세례를 베풀었다는 말씀이 고린도전서 1장 14절에 나옵니다. 바울이 일평생 단 두 명에게만 세례를 베풀었는데, 그 중 한 명이 그리스보입니다. 그가 어떠한 사람으로 세워졌을지 살펴볼 수 있는 말씀입니다. 바울이 회당장 그리스보를 개종시켜 예수 그리스도의 사람으로 세운 것은 기적적인 전도입니다. 바울이 이런 기적의 전도를 이룬 비결은 무엇일까요? 회당장 그리스보를 개종시킨 바울의 기적의 전도의 본질은 무엇일까요? 이것을 알면, 우리도 이렇게 전도할 수 있을 텐데요.

바울이 그리스보를 전도할 수 있었던 직접적인 계기는 그가 유대인 전도를 포기하지 않고, 오히려 회당 옆으로 거처를 옮긴 것에 있습니다. 바울이 최초 자신의 결심대로 고린도를 떠나고 유대인들을 떠났다 하더라도 바울을 뭐라고 할 사람은 없습니다. 바울은 충분히 최선을 다했기 때문입니다. 그런 그가 할 수 없어서 더는 못하겠다고 포기한 것이라면, 그것은 바울이 비난을 받는 것이 아니라, 바울을 그렇게 만든 그들이 받아야 마땅합니다.

그러나 바울은 더 이상 할 수 없고, 어찌할 수 없어서 포기할 수밖에 없는 그때에, 주님께서 마음에 주시는 말씀에 순종하여 이렇게 포기할 수 없다며 '한 번만 더' 유대인전도, 회당전도를 하기로 결심하고 회당 옆으로 거처를 옮겼습니다. 주님의 음성에 순종하여 회당 옆으로 이사 간 것은 지금까지 최선을 다해 전도했지만, 열매가 없어 실망 되고 낙심 되지만, 그럼에도 불구하고 포기하거나 낙심하지 않고 오히려 이전보다 더욱 더 열심을 내어, 한 번만 더 열심을 내어 유대인과 회당 전도를 해 보겠다는 바울의 각오를 보여 주는 사건입니다. 바로 이러한 바울의 모습이 회당장 그리스보를 개종시키고 세례를 베푸는 기적적인 전도의 본질입니다.

'주님의 말씀에 순종하여 한 번만 더' 나아갈 때 이런 기적과 능력의 전도를 이룰 수 있습니다. 그러나 여기에는 한 가지 조건이 있습니다. 그것은 바울이 오늘 본문을 통해 보여 준 것과 같이, 더 이상은 할 수 없을 정도로 최선을 다한 후에 고백하는 '한 번만 더'여야 합니다. 임계 점에 다다라서 더 이상 할 수 없을 때, 그 한계를 넘어서서 '한 번만 더' 해야 합니다.

최선을 다하지 않고, '한 번만 더'하는 것으로는 기적의 전도를 이룰 수 없습니다. 이런 '한 번만 더'는 임계점을 넘어선 순종의 '한 번만 더'가 아닙니다. 그것은 자신의 최선에 포함되어야 할 몫일 뿐입니다. 더는 할 수 없는 최선을 다해 바울과 같이 탈진해서 이제는 더 할 수 없다고, 포기를 선언하고 떠나고 싶은, 떠나는 그때에 주님께서 주시는 음성에 순종하여 '한 번만 더' 전도할 때, 우리도 이런 기적적인 전도의 주인공이 될 수 있습니다.

최선을 다할 때 기적은 일어나지 않습니다. 그 최선에서 '한 번만 더' 순종해야 기적을 만들어낼 수 있습니다. 세상에도 최선을 다하는 사람은 많기 때문입니다. 사람들이 이루어내는 최선의 일들을 기적이라고 말하지 않습니다. 그런데 오늘 우리가 그 최선조차도 하지 않는다면, 어떻게 기적의 주인공이 될 수 있겠습니까! 오늘 본문이 말씀하는 기적은 최선을 다해서 포기할 수밖에 없는, 발걸음을 돌릴 수밖에 없는 한계점에 도달한 바울이 그 한계점을 넘어서서 '한 번만 더' 전도했을 때 이루어졌습니다. 그러므로 전도는 끊임없는 도전입니다.

우리도 전도하면서 최선을 다하고, 더 이상은 어쩔 수 없다며 발걸음을 돌리고 포기하고 싶을 때가 있습니다. 그런데 사실은 바로 그때, 내가 더는 할 수 없다고 포기할 수밖에 없는 그때가 바로 하나님의 음성에 순종하여 '한 번만 더' 마음을 돌리고, 걸음을 돌려 순종함으로 전도해서 기적을 이루어야 하는 때입니다. 이런 의미에서 낙심과 좌절이 찾아오는 때는 오히려 전도의 열매, 기적의 열매를 얻기에 더 가까운 시기입니다. 그러므로 사실은 기뻐하고 즐거워할 때입니다. 그 참담한 빌립보 감옥에서 바울과 실라가 기도하고 힘을 얻어 하나님을 찬양하며 기뻐했던 것과 같이 말입니다.

전도는 방법에 있지 않습니다. 마음에 있습니다. 세상을 향하신 하나님의 마음을 헤아리고, 이 마음에 어떻게 하든 순종하기 위해 애쓰는 '한 번만 더'에 전도의 기적이 담겨 있습니다. 이 마음을 품을 수 있다면, 이 마음이 탈진해서 포기하고 싶은 나의 마음을 돌려 최선을 다하게 할 것입니다. 모든 역경과 고난을 넘어 모든 것을 다 쏟아 붓는 최선을 다하도록 인도해 줄 것입니다. 그리고 때때로 그럼에도 불구하고 열매가 없어 탈진하게 되고, 그로 인해 발걸음을 돌릴 수밖에 없게 될 때가 있더라도, 나에게 '한 번만 더'라고 속삭여 주고, 용기를 줄 것입니다. 그리고 나도 기적의 전도의 주인공이 될 것입니다.

바울이 가장 극렬한 반대자, 회당장 그리스보를 개종시킨 기적의 본질은 최선을 다하고, 그 최선을 넘어 '한 번만 더' 순종한 것에 있습니다. 사실 이 순종은 할 수 없는 순종이었습니다. 순종이 순종 되는 것은 할 수 없는 순종이기 때문입니다. 이 순종이 기적적인 전도의 통로입니다.

바울의 기적의 전도 Ⅲ
고린도 회당장 소스데네의 개종

"밤에 주께서 환상 가운데 바울에게 말씀하시되 두려워하지 말며 침묵하지 말고 말하라 내가 너와 함께 있으매 어떤 사람도 너를 대적하여 해롭게 할 자가 없을 것이니 이는 이 성중에 내 백성이 많음이라 하시더라 일 년 육 개월을 머물며 그들 가운데서 하나님의 말씀을 가르치니라 갈리오가 아가야 총독 되었을 때에 유대인이 일제히 일어나 바울을 대적하여 법정으로 데리고 가서 말하되 이 사람이 율법을 어기면서 하나님을 경외하라고 사람들을 권한다 하거늘 바울이 입을 열고자 할 때에 갈리오가 유대인들에게 이르되 너희 유대인들아 만일 이것이 무슨 부정한 일이나 불량한 행동이었으면 내가 너희 말을 들어 주는 것이 옳거니와 만일 문제가 언어와 명칭과 너희 법에 관한 것이면 너희가 스스로 처리하라 나는 이러한 일에 재판장 되기를 원하지 아니하노라 하고 그들을 법정에서 쫓아내니 모든 사람이 회당장 소스데네를 잡아 법정 앞에서 때리되 갈리오가 이 일을 상관하지 아니하니라"(행 18:9~17)

사도행전 18장 1~8절을 통해 회당장 그리스보를 개종시키는 기적의 전도를 살펴보았습니다. 바울이 얼마나 감격스럽고 기뻤을까요? 그런데 과연 기쁘고 감격스럽기만 했을까요? 그렇다면 왜 이어지는 9~10절에서 주님께서 바울에게 "두려워하지 말라"고 말씀하셨겠습니까?

"밤에 주께서 환상 가운데 바울에게 말씀하시되 두려워하지 말며 침묵하지 말고 말하라 내가 너와 함께 있으매 어떤 사람도 너를 대적하여 해롭게 할 자가 없을 것이니 이는 이 성중에 내 백성이 많음이라 하시더라"(행 18:9~10)

주님께서 바울에게 "두려워하지 말라"고 말씀하신 것으로 보아, 지금 바울은 두려워하고 있습니다. 회당장 그리스보를 개종시켜 예수 그리스도의 사람으로 세운 이 기적의 전도가 바울에게 위협과 협박을 가져다 주었습니다. 유대인, 회당의 입장에서 보면, 그들의 우두머리 회당의 장, 그리스보가 개종되어 원수와도 같이 여기는 예수 그리스도의 사람이 되었으니 얼마나 그리스보와 바울을 해하려고 했겠습니까? 저들의 이러한 핍박과 박해를 바울도 느꼈습니다.

그러나 바울은 주님께서 주신 위로로 말미암아 곧 힘을 얻습니다. 비록 핍박과 박해가 있지만, "너를 대적하여 해롭게 할 자가 없을 것이니"라는 주님의 말씀에 의지하여 "이 성중에 내 백성이 많음이라"는 주님의 말씀을 이루어 드리기로 결심하고 힘을 냅니다. 사도행전 18장 6절에 고린도를 떠나서 이방인에게로 가겠다고 했지만, 회당장 그리스보를 예수 그리스도의 사람으로 개종시키고, 또 이러한 주님의 위로를 얻게 되자, 바울은 고린도에서 일 년 육 개월이나 머뭅니다. 담대한 바울에게 거칠 것은 없습니다. 그리스보와 함께 바울을 해하고자 했던 유대인들도 별 수단을 찾지 못했습니다. 그렇게 얼마간 조용했습니다. 그런데 바울의 고린도 체류가 막바지로 접어들 때, 바울과 변심자 그리스보를 해하려는 유대인과 회당의 핍박이 재개되었습니다. 이런 빌미를 제공한 한 가지 사건이 있습니다.

> "갈리오가 아가야 총독 되었을 때에 유대인이 일제히 일어나 바울을 대적하여 법정으로 데리고 가서"(행 18:12)

갈리오라는 사람이 아가야 지방의 총독으로 부임하자, 유대인들은 일제히, 기다렸다는 듯이 일어나 바울을 대적하였습니다. 총독 갈리오가 아가야 지방의 총독으로 부임했다는 이 짤막한 배경설명이 의미하는 바가 있습니다. 누구든 임지로 처음 부임 할 때에는 자신의 임지를 잘 다스려보겠다는 의욕을 가집니다. 이를 위하여 민심을 얻는 것은 매우 중요합니다. 총독이 민심을 얻고자 한다는 것을 유대인들도 알고 있습니다. 그리스보와 바울을 해하고 싶었지만, 별다른 수가 없어 침묵을 지키고 있던 유대인들은 갈리오가 아가야 총독으로 부임해 옴으로 바울을 해할 수 있는 좋은 기회를 얻었다고 생각했습니다. 저들은 갈리오 총독의 부임을 계기로 "일제히 일어났습니다." 여론과 민심을 앞세우면 갈리오를 이용해서 바울을 해할 수 있을 것이라고 생각했습니다. 그리고 바울을 대적하여 법정으로 데리고 가서 바울을 고소합니다. 저들의 고소 내용입니다.

> "말하되 이 사람이 율법을 어기면서 하나님을 경외하라고 사람들을 권한다 하거늘"(행 18:13)

저들의 고소의 내용을 보면, 이전에 유대인들이 바울을 고소하던 내용과 크게 차이를 보입니다. 대략 네 가지 점에서 다릅니다. 먼저, 이전에 다른 곳에서 유대인들이 바울을 고소하던 내용에 비해서 저들의 고소는 13절, 한 절로 매우 짧습니다. 두 번째, 이전에 바울을 고소할 때, 빌립보에서는 무리들이 바울을 관리에게 데려갔다가, 다시 그들의 상관에게로 데려갔습니다(행 16:19~20). 그런데 오늘 본문에서 저들은 아가야 지방의 최고 지휘관인 총독, 갈리오에게 직접 찾아가 고소합니다. 신임총독과 담판을 짓겠다는 저들의 의지가 엿보입니다. 자신들의 생각에 신임총독에게 여론과 민심으로 압박하면, 바울 하나쯤은 넘겨받을 수 있다고 생각했던 것 같습니다.

세 번째, 이전에 바울이 받던 고소의 내용과 이번 고소의 내용이 다릅니다. 이전에 빌립보와 데살로니가에서는 바울을 정치범, 반역자로 누명을 씌워서 고소했습니다. 그들은 로마의 힘을 빌리는 것이 바울을 가장 확실하게 처리할 수 있는 방법이라고 여겼습니다. 그런데 저들이 갈리오에게 바울을 고소하는 내용, 본문 13절은 바울을 정치범, 반역자로 몰지 않습니다. 바울을 "율법을 어기면서 하나님을 경외하라고 사람들을 권한다"고 고소합니다. 이전의 고소에 비하면, 솔직하게 자신들의 속내를 드러낸 고소였습니다. 솔직하게 바울을 고소해도 신임 총독을 압박하면 승산이 있을 것이라고 판단했던 것일까요?

네 번째, 고소를 받으면 바울은 어김없이 자신을 변론했습니다. 갈리오 앞에서도 저들의 고소에 대해 바울이 변론하려고 입을 열려고 했습니다. 그런데 바울의 첫 마디가 입 밖으로 나오기도 전에 총독이 유대인들의 고소를 듣고는 자신의 말을 합니다. 바울이 자신을 고소하기 전, 곧 바울의 변론을 듣기도 전에 이미 총독 갈리오는 저들의 바울에 대한 고소만을 듣고도 상황파악, 판단을 끝냈습니다. 갈리오가 저들에게 하는 말을 들어보면, 이전의 관리, 상관, 읍장과는 다릅니다. 그들이 바울을 정치범, 반역자로 고소하면 상관들과 읍장은 부화뇌동하여 큰 소동을 일으키며 바울을 치거나, 잡으려고 온 마을을 뒤지며 난리를 폈지만, 갈리오는 침착했습니다.

갈리오는 빌라도와도 다릅니다. 빌라도는 예수님께 죄가 없다는 것을 여러 차례 분별했으면서도 유대인들의 계속되는 압박, 아니 협박을 이기지 못했습니다. "이 사람을 놓으면 가이사의 충신이 아니니이다 무릇 자기를 왕이라 하는 자는 가이사를 반역하는 것이니이다"(요 19:12) 빌라도는 자신의 자리를 위협하는 유대인들의 올가미에 걸려 결국 저들이 원하는 방법대로 예수님을 넘겨주고 맙니다. 그러나 갈리오는 저들의 짧은 고소를 듣고 정확하게 분별하고, 판단하고, 실행에 옮깁니다. 지혜로운 총독입니다.

총독 갈리오가 바울의 변호를 막아서고 있는 것처럼 보일지 모르지만, 사실은 바울이 아니라, 유대인들을 막았습니다. 순간 바울은 어리둥절했습니다. 그리고 유대인들도 총독이 왜 바울의 변론을 듣지도 않고 자신들에게 이런 조건을 제시하는지 크게 당황하고 긴장되었습니다. 이런 긴장감이 법정에 찼습니다. 총독이 입 밖으로 무엇인가를 말하려고 하는 이 짧은 순간에 모든 사람들의 이목이 총독에게 집중되었습니다. 총독이 입을 엽니다.

> "바울이 입을 열고자 할 때에 갈리오가 유대인들에게 이르되 너희 유대인들아 만일 이것이 무슨 부정한 일이나 불량한 행동이었으면 내가 너희 말을 들어 주는 것이 옳거니와 만일 문제가 언어와 명칭과 너희 법에 관한 것이면 너희가 스스로 처리하라 나는 이러한 일에 재판장 되기를 원하지 아니하노라 하고"(행 18:14~15)

유대인들의 고소를 듣고 그들에게 답변을 주는 총독의 이 말은 얼핏 보면, 조건입니다. '만일 ~하거든 ~하겠지만', '만일 ~않으면, ~하지 않겠다.' 조건을 제시하고, 이에 따라 처리하겠다는 것처럼 보입니다. 그러나 총독은 조건을 제시하지 않았습니다. 만일 총독의 답변이 조건이라면, 총독은 '그러한지', 또는 '그렇지 않은지'를 따져보기 위해서 유대인들의 말을 더 들어보아야 합니다. 바울의 변론이라도 들어보아야 합니다. 그런데 총독은 이 말 후에 곧바로 결정을 내렸습니다.

"그들을 법정에서 쫓아내니"(행 18:16)

표면적으로는 조건을 달아서 그러한지, 아닌지를 심문한 후에 판결을 내리겠다는 것처럼 보이지만, 총독 갈리오의 이 답변은 사실 판결이었습니다. 유대인들의 짤막한 고소를 들은 총독 갈리오는 이미 상황파악을 끝냈고, 사태를 분별하였습니다. 그리고 판단을 내린 후, 유대인들에게 일방적인 통보를 하고 퇴장을 명령하였습니다. 지혜로운 지도자의 모습입니다. 민심과 여론을 앞세운 거짓 고소와 비방에 앞뒤를 따지지 못하고 흥분하던 상관들, 읍장들, 그리고 빌라도와는 다른 수준입니다. 정확하게 분별할 수 있는 능력이 지도자의 덕목입니다. 이 덕목을 가질 때, 곧 분별할 때, 정확한 판단을 내릴 수 있고, 이 판단이 실행으로 옮겨질 때, 많은 사람들이 지도자의 분별력 있는 행동을 보게 되고, 그의 지혜를 보게 됩니다.

지혜로운 왕으로 알려진 솔로몬도 사실은 이러한 '분별력'을 구했습니다. 한 나라를 다스리는 왕으로서 가장 중요한 덕목이 지혜인데, 그 지혜를 이루는 출발점은 '분별력'입니다.

"누가 주의 이 많은 백성을 재판할 수 있사오리이까 듣는 마음을 종에게 주사 주의 백성을 재판하여 선악을 분별하게 하옵소서"(왕상 3:9)

총독 갈리오의 분별력과 권위 앞에서 유대인들은 한마디도 하지 못하고 쫓겨나갑니다. 새로 부임한 총독을 압박하여 자신들의 뜻을 이루겠다고 자신만만하게 찾아왔던 길이었기에 유대인들의 실망과 분노는 더욱 컸습니다. 유대인들은 이 분노와 원한의 감정을 다스리지 못했습니다. 그러는 가운데 저들이 한 가지 이상한 행동을 합니다.

> "모든 사람이 회당장 소스데네를 잡아 법정 앞에서 때리되 갈리오가 이
> 일을 상관하지 아니하니라"(행 18:17)

큰 기대가 무너져 분노와 실망이 컸던 유대인들이 회당장 소스데네를 법정 앞에서 잡아 때립니다. 회당은 유대인들의 중심지이고, 그 회당의 장, 회당장은 유대인 공동체의 지도자입니다. 그런데 그런 소스데네를 잡아 때립니다. 때릴 수 없는, 때려서도 안 되는 회당장을 때릴 수 없는 곳에서 잡아 때린 것으로 보아 유대인들의 분노는 회당장 소스데네로 인한 것이었으며, 그 정도도 보통이 아니었음을 알 수 있습니다.

아마도 바울을 고소할 여러 가지 작전을 회당장 소스데네가 계획했던 것이 아닌가 생각됩니다. 그런데 그가 세운 작전이 갈리오 총독 앞에서 큰 수치를 당하며 허사로 돌아가게 되자, 이 책임을 회당장 소스데네에게 묻는 것이 아닌가 생각됩니다. 함부로 때릴 수 없는 회당장을 때렸으니, 분노가 머리끝까지 치밀었을 것이고, 그로 인해 소스데네는 많이 맞았을 것입니다. 소스데네는 법정 앞에서 동료 회당원들에게 맞았습니다. 유대인들이 소스데네를 잡아 때리는 것을 상관하지 않는 총독 갈리오는 수행원들과 함께 자리를 떠났습니다.

그 후로도 얼마동안 유대인들은 소스데네를 때렸습니다. 그들도 분노를 삭이지 못하며 돌아갔습니다. 소스데네는 그렇게 피투성이가 된 채로 법정 앞에 쓰러져 있습니다. 이제 법정 앞에는 두 사람만이 남았습니다. 호된 매질을 당해 몸을 가누지 못하고 쓰러져 있는 소스데네. 그리고 남은 한 사람은 이 모든 상황이 이전에 겪었던 상황과는 너무나 달라서 아직도 어떻게 돌아가는 것인지 정신을 차리지 못한 채, 그저

지켜만 보고 있는 바울입니다. 이렇게 두 사람입니다. 법정 앞에 남은 소스데네와 바울, 두 사람의 상황은 어떻게 전개되었을까요?

소스데네는 아무런 말을 하지 못한 채 쓰러져 있습니다. 바울은 이 상황을 보며, 자신을 고소한 소스데네를 향해 비난과 조롱을 퍼부었을까요? 우리가 아는 사도 바울은 결코 그런 분이 아닙니다. 바울은 만신창이가 된 소스데네의 마음을 잘 압니다. 바울 자신이 이보다 더한 매와 돌팔매질을 당해보았기 때문입니다. 피투성이가 되어 쓰러진 소스데네는 어제의 자신이었음을 바울은 잘 알고 있습니다. 사도행전 14장 19절을 보면, 바울은 루스드라에서 전도할 때, 유대인들이 던지는 돌에 맞아 거의 죽었습니다.

지금 소스데네가 겪는 마음을 누구보다 바울이 잘 알고 있습니다. 그런 바울이었기에 바울은 만신창이가 된 소스데네를 부축하여 집으로 옮기고, 그를 치료해 주고, 또 위로해 주지 않았을까요? 그렇다면 방금 전까지만 해도 죽이겠다고 이를 갈았던 바울에게서 이런 진심어린 위로와 사랑을 받는 소스데네의 마음은 어떻게 되었을까요? 또 한편으로 조금 전까지만 해도 자신을 회당장이라며 예우하던 유대인들에게서 그 모진 매를 맞은 후, 그들에 대해서 어떤 마음을 가지게 되었을까요?

유대인들에게는 배신의 환멸을, 그리고 바울에게는 부끄러움의 감동을 가지게 되었습니다. 그리고 소스데네는 바울이 전도를 권유하기 전에 스스로 예수 그리스도를 믿기로 결단하지 않았을까요! 소스데네도 앞서 개종한 그리스보와 같이 개종하여 예수 그리스도의 사람이 되었습니다. 회당장 소스데네가 개종했다는 증거가 있습니다.

"하나님의 뜻을 따라 그리스도 예수의 사도로 부르심을 받은 바울과 형제 소스데네는 고린도에 있는 하나님의 교회 곧 그리스도 예수 안에서 거룩하여지고 성도라 부르심을 받은 자들과 또 각처에서 우리의 주 곧 그들과 우리의 주 되신 예수 그리스도의 이름을 부르는 모든 자들에게"(고전 1:1~2)

바울이 고린도에 있는 형제들에게 고린도 서신을 보내며 소스데네를 자랑스러워합니다. 소스데네는 바울의 자랑거리가 되었습니다. 소스데네는 단순히 개종한 정도가 아니라, 바울의 형제, 바울의 동역자로 세워졌습니다. 자신을 죽이려던 사람을, 그것도 회당장이었던 사람을 전도해서, 자랑스러운 예수 그리스도의 사람으로 세웠다면 이것이야말로 기적의 전도입니다.

회당장 소스데네를 자랑스러운 형제로 세운 바울의 기적적인 전도는 원수를 사랑하라는 주님의 명령을 따를 때 이루어졌습니다. 원수 같은, 아니 원수보다 더 바울을 괴롭혔던 소스데네가 만신창이가 된 모습을 예수 그리스도의 사랑으로 품어준 바울의 이 사랑이 소스데네를 감동시켰습니다. 자신을 용서하고 위로해 주는 사랑이 예수 그리스도의 사랑이라는 것을 소스데네가 알았을 때, 그는 예수 그리스도께 몸을 던져 엎드렸습니다.(προσπίπτω -프로스핖토, 빌립보 간수의 엎드림) 기적의 전도를 이루는 본질은 사랑입니다. 그리스보와 소스데네를 개종시킨 기적의 전도의 본질과 같은 모습으로 우리도 다듬어져야 합니다.

바울이 행한 세 번의 기적적인 전도의 본질은 다음과 같습니다. 인내와 희생을 기쁨으로 감수하며 찬양했기에 빌립보 간수를 전도할 수 있었습니다. 최선을 다했지만 열매가 없어 낙심될 때, 주님의 명령에 따라 '한 번만 더' 전도했기에 회당장 그리스보를 전도할 수 있었습니다. 자신을 원수로 여기고 핍박했던 회당장 소스데네였지만, 그의 고난과 고통을 외면하지 않고, 주님의 사랑으로 부축하고 치료해 주었을 때, 그를 전도할 수 있었습니다. 바로 이것이 사도행전에 나타난 세 가지 기적적인 전도를 가능케 했던 본질입니다. 전도는 방법이 아닙니다. 이 모습들이 나의 모습이 될 때, 기적적인 전도를 이루는 사명자, 전도자로 설 수 있습니다. 이 본질, 이 모습 위에 전도의 방법론이 더해져야 합니다.

원어성경으로 풀어가는

사도행전

초판	1쇄 2012년 1월 27일
	2쇄 2012년 4월 16일
	임성환 지음
발 행 인	신경하
편 집 인	손인선
펴 낸 곳	도서출판 kmc
등록번호	제2-1607호
등록일자	1993년 9월 4일
주 소	서울시 종로구 세종대로 149
	기독교대한감리회 출판국
대표전화	02-399-2008
팩 스	02-399-2085
홈페이지	http://www.kmcmall.co.kr
디 자 인	디자인화소 783-3853

ISBN 978-89-8430-549-6   03230
값 10,000원